特別支援

〈5-2進〉タイルで教える

99までの
たし算
ひき算

芳賀雅尋

太郎次郎社
エディタス

目次

はじめに……………………………………………………………6

1章 数以前の学習……………………………………………13

同じということ──数える・計算するための前提……………14

　「同じ」ものだから数えられる　14

　分類の学習　15

　二重分類の学習　17

　仲間集め　18

一対一対応──具体物から「量」のイメージをとり出す……19

　ピッタリ──「並べて同じ」からの7ステップ　19

　ずれても同じ──数の保存　25

[コラム] **タイルの使い方**……………………………………28

2章 99までの数 ……………………………………33

- 計算より先に十進構造を　34
- 学習段階ごとの目標　35
- なぜ「5-2進法」なのか　37
- 「5-2進法」で教える　40
- たし算の意味とタイル操作　43
- 「3がわかる」とはどういうことか　44
- 5までの数の指導──数えるだけでなく　45
- 9までの数の指導──「5といくつ」　49
- 99までの数の指導──位取りができるまで　52

[コラム] パタパタタイルの作り方 ……………………………58

3章 たし算
4＋4ができれば，繰り上がりのたし算もできる ……65

　計算を型分けする　66
　たし算の具体的場面　69
　たし算の学習プラン　70
　タイルの合体がたし算　71
　タイルから筆算操作へ　75
　繰り上がりのあるたし算——パタパタタイルを使って　79
　3位数ができれば仕上がり　85

［コラム］「筆算プリント万能作成機」について ……88

4章 ひき算 ……………………………………………… 89
繰り下がりも，4＋4ができれば計算できる

  ひき算はイメージをつくりにくい計算　90

  ひき算の具体的場面　90

  繰り下がりの計算方法の種類　92

  ひき算の学習プラン　97

  ひき算の意味と操作　99

  9までのひき算　101

  繰り下がりも，99までの数ではじめる　104

  3位数に特有の連続繰り下がり　109

  10の補数で指導したい人のために　110

あとがき……………………………………………………… 113
[付録プリント] **練習用タイル図と計算枠** ……………… 119

はじめに

　わたしが，これから述べるプランを考えはじめたのは，1987年からです。はじめて特別支援学級の担任になったころです。それまでも，十年間普通学級の担任をしていて漠然とは考えていたことですが，「4＋4」の計算ができれば繰り上がりの計算がすべてできるはずだということです。
　この思いを強くさせたのがカケル君，アヤカさん，ミサキさんとの出会いでした。三人とのことを述べる前に，特別支援の算数指導についてすこし述べさせてもらいます。

教科書どおりの単元ではつながらない
　特別支援学級，学校向けの算数の教科書は，文科省の発行している特別支援向けの☆印の教科書や『ゆっくり学ぶ子のためのさんすう』（同成社）などのいわゆる107条本から選ぶことになっています。しかし，教師用解説書はないというのが実情です。『ゆっくり学ぶ〜』のようにタイルを使った，内容的にも突出したできばえのテキストがあっても，どう教えればいいのかがわからない教師が多いのではないでしょうか。
　となると，参考にしたいのが普通学級用の1,2年生の教科書ということになります。多くの教師は普通学級での指導の経験がありますから，普通学級で教える方法をゆっくり，ていねいになぞることになります。でもなかなか成果が思うように上がりません。
　これまでの方法は，9までのたし算ひき算が暗算でできるようにならないと次に進めないというような暗黙の約束がありました。それは，普通学級の教科書は学習指導要領や教科書会社の勝手な単元構成に縛られていたからで

した。それを特別支援学級にも適用していましたし，教師自身にもいつの間にかしみこんだ常識（？）になってしまっていました。通常学級でもよくわからない子どもが出てしまう方法そのままで，いくらていねいに，ゆっくり指導しても，わからない子どもが出てくるのは当たり前のことです。

　教科書のなかから，いま子どもが学習している部分だけを見ないで，数に関する単元を抜き出して並べてみたことはありますか？　段階的系統的に並んでいるでしょうか。わたしの素直な感想は，「これでやれるのか」「単元相互の関連がない」でした。いま学んでいることが次の学習につながっていないのです。それぞれの項目で，教えている事柄がバラバラです。

数の指導をとらえ直す

　特別支援教育には教科書がありません。ですから何をどの順番で教えるのかは，まったく教師の裁量のうちにあるのです。

　筆算は2位数同士の計算の中で教える，と発想を転換すると，これまでおこなわれていた数の指導では考えられない方法が浮かんできます。この方法は，短期間で成果が上がる方法とはいえないと思います。この場合の成果とは，子どもが数字や数詞を使って，どんな方法でもいいからたし算の答えが出せるようになるということを指しています。

　わたしの経験でも，一緒に実践してくださった仙台市のM小学校でも，筆算は2年目にとり組むことになりました。99までの数概念の獲得にあるていどの時間が（半年から1年）かかるからです。しかし，筆算の学習は2桁ではじまりますので，すぐに繰り上がりのある筆算に入ることができます。99までのたし算が一度にできるようになるので，急がばまわれではありませんが，全体を通してみれば効率的に学習できます。実際，年度初めには「6は？」と問われて6個の○を書いていた子どもたちが，2年目の終わりには2桁のひき算の計算の学習に入っていました。

　やっぱり，特別支援学級に在籍している子どもたちに合うような指導プランが必要だと強く考えさせられました。これから述べるプランを使って学習したことで，いわゆるIQを借りるなら，IQ60台の子どもが2位数×1位数，そしてわり算の意味まで学習できるようになりました。仙台市のM小学校で

もIQ50台の子どもが、かけ算の学習にとり組んでいます。

　たし算についても、3位数＋3位数までの計算ができれば、すべてのたし算の計算ができることになります。じつはそこまでが一連の学習なのです。しかし現実には、そこまでの学習を細切れに指導されているので、子どもたちは実力を出せないでいるのが実情です。ですから多くの子どもたちは、繰り上がりの計算にくると大きな壁に阻まれてしまいます。なかには何年ものあいだずっと、繰り上がりの計算をさせられている子もいるのです。私が出会ったカケル君もそのひとりでした。

繰り上がりの計算がしたい

　カケル君は当時5年生でした。「これまでどんな勉強をしてきたの？」と聞くと、さっそく繰り上がりの計算をして見せてくれました。カケル君のやり方はいわゆる「10の補数」で解くやり方でした。囲んだ線がバナナのように見えるので、彼はバナナ算と言っていました。8＋6の例で言うと、6を2と4に分解はできますが、8と組み合わせるのが2なのか4なのか確信がなかったのです。カケル君の計算は答えが当たったり、間違ったりのくり返しでした。だから2年間も同じレベルの計算から前に進めないでいたのです。わたしはさまざまなところで特別支援の算数指導の相談を受けますが、じつは、一番多いのが「繰り上がりの計算がなかなかできるようにならない」というものです。ここに、特別支援学級で学ぶ子どもたちの算数学習の壁があるようです。

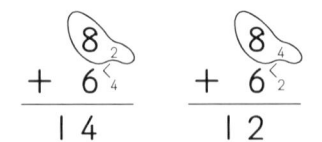

カケル君のバナナ算
6の分解はできるが、8と組み合わせるのが
どちらかわからない

　では、問題点はどこにあるのでしょうか。カケル君の壁は数の分解はできていましたが、なぜ数を分解するのか、分解した後どうするのかがわかっていなかったところにありました。

```
    8        ① 10    ② 6         8
  + 6         - 8     - 2       + 6
               2       4         14
```

① 8にいくつ足すと10になるか(減)……2
② 8の方に,6から2をやるから(減)……4
　繰り上がった10と4をたして(加)……14

　じつは,「10の補数」で繰り上がりの計算をするときに,わたしたちは無意識に計算していますが,上図のような計算を頭の中でしています。数の合成分解とは言っていますが,ひき算を2回もしていることになります。繰り上がりのたし算というよりは減減加法とでも言いたいです。①8にいくつ足すと10になるか…10−8＝2, ②8に6から2やると…6−2＝4, という計算をしています。

　おとなが無意識にしていることを,説明することのむずかしさがここにはあります。

　たまたま1学期に,1年生の教室の前を通ったときに
　「6は2と4」「6は3と3」……
の学習をしていました。前々から感じていることですが,この段階で数の分解ができることが数概念の形成において大事なことなのでしょうか。子どもたちのなかには,この勉強は嫌いだという子が少なくありません。

　この数の分解を使うのは学年後半の,繰り上がりのあるたし算のときです。繰り上がりのあるたし算と連動して教えられていません。ですからカケル君は,数の分解の意味はよくわかっていなかったようでした。

　カケル君には,「10の補数」での繰り上がりの計算では負担が大きいと思い,「5-2進法」で計算させることにしました。ふたりで向きあって,指で7と6を出しあいました。そして両手をあわせて
　「5と5でジュウ」「2と1でサン」だから「答えはジュウサン」
と声を出して答えを見つけました。これまで何回やってもできなかった計算が簡単にできたので,カケル君はとても喜びました。

　カケル君の願いは,同じ特別支援学級の同学年のショウタ君に追いつくこ

とでした。そのときショウタ君は2桁のたし算をしていました。2年間で追い越すことはできませんでしたが、卒業するときには3桁のたしひき算、かけ算の意味、九九まで行くことができ、満足して卒業していきました。

タイル操作が言葉の負担を減らす

　カケル君を教えているときに、普通学級から2年生のアヤカさんとミサキさんが通級するようになりました。このふたりは翌年には在籍するようになるのですが、普通学級の算数にはついていけなくなっていました。普通学級から通級するということは、これからの算数は特別支援学級でするということを意味しています。ふたりのためにプランを立てることにしました。

　このプランの前提としたことは、①ふたりのプライドを大切にすること、②できないからといってナマの形で後戻りしない、③「5-2」進法で繰り上がりを教える、④たし算の意味の理解、場面の理解、筆算の指導をきちんと分けて指導する、でした。

　ふたりはIQでいうと60〜70台でした。また、アヤカさんはADHD傾向の強いお子さんで、集中力が続かなくて「バカ」「アホ」「シネ」「ジゴクニオチロ」という言葉が口から出てきます。一方ミサキさんは、とても無口なお子さんでした。ですから、言葉だけのやりとりでは意思の疎通がうまくいきませんでした。どんなことを言われているのかよくわからなかったようです。また、同じことを何度も説明すると学習に集中できません。問いかけても返ってくるのは単語だけということが多かったです。

　同じことを表現するのに、日本語ではいろいろな言い方があります。わたしたちはそれらをあまり気にすることなく「同じ内容」と受けとりますが、この子たちにはニュアンスの違うことばは別のことと受けとられることがあります。わたしたち教師の悪い癖は、一度の説明でわかってもらえないと何回も言い方を変えて説明することです。じつは、それがますます子どもをわからなくさせているのです。

　タイルを使った学習では、言葉ではなく**タイルがわたしと子どもたちをとり持つ共通語**になったのです。子どもたちは、なぜその答えになるのかを、タイル操作をしながら説明できるようになっていきます。わたしにはタイル

操作を見れば，ふたりの思考過程がわかります。語彙の少ないふたりにとっては「言葉」の負担が減ったようです。また，タイル操作をすることによって，子どもたちの理解が深まり，タイルを使って自分の力で考えることができるようになっていったのです。

＊　　　　＊　　　　＊

　ここで，わたしと「水道方式」について触れさせていただきます。水道方式については学生時代から知っていて，教育実習のときにも『現代化算数指導法事典』(遠山啓, 1968, 明治図書) を見ながら授業をしました。本格的に「水道方式」に出会ったのは1977年のことです。教員になって4年目，東京から宮城に戻り，初めて通常学級の担任になった年のことでした。当時東北での「水道方式」の第一人者の故八島正秋さんに仙台算数サークルに誘われたのがはじまりです。そこには同年代の方が3人いて，「水道方式」の初歩から勉強をしました。

　通常学級は11年間でしたが，そのときに仙台算数サークルの仲間といろいろなプランを発信させてもらいました。とくに1982年〜84年は「かけ算」「÷2位数の仮商」と，数学教育協議会の全国大会でも発表をしました。かけ算は，操作では牛乳パックとタイルを使い，式表示では1あたり量をこれまでの／(パー)ではなく，⎕(ハコ)で表す提案をしました。この提案はかけ算とわり算の関係を子どもたちにわかりやすくしたものと，いまでも思っています。30年たったいま，全国的に受け入れてくれる人たちが増えています。

　加減の計算ができるようになった特別支援の子どもたちが，かけ算，わり算の学習をどう進めたのかについては，機会があれば本著の続編として上梓したいものと考えています。

　また，本著でも登場するタイルの置き方で，9までの数を縦長にするのではなく，「5といくつ」と横に並べるやり方も，わたしが初めて提案したものです。横置きの有利さについては，「5-2進法」のところ (p.40) でくわしく触れていますので，そちらを参照してください。

　わたしの特別支援学級での実践は，この通常学級での実践がベースになっ

ています。通常学級では，いわゆる落ちこぼしはなかったと思っていますし，たし算を指折り数えて答えを出す子もいませんでした。そこでできた学習を特別支援学級の子どもたちともできる，という考えで進めてきました。だれでもがわかる指導をすることが，落ちこぼしをつくらない指導法だと思っています。通常学級ではどうしても教科書との折り合いを考えてしまいがちですが，特別支援教育では教科書に縛られることがありません。わたし自身，試行錯誤をくり返しながら本著で提案できる方法に行きつきました。これまで特別支援教育界では，「科学としての算数」を教えている方はほとんどいませんでした。この指導法は，特別支援対象の子どもたちでも科学的思考ができるという思いで実践したものです。

　退職してから，いくつかの学校でボランティアとしてお手伝いをしました。この方法で教えると，子どもたちがどんどんできるようになりました。「芳賀だからできる」といわれていた方法は，その気になればだれにでもできる方法だと思うようになり，本にまとめる気持ちになりました。

　本著は特別支援教育という視点で書かれてはいますが，通常学級でもじゅうぶん通用するような内容になっています。わたしとしては，むしろ通常学級でこそ，このような一貫した考え方で教えてほしいものだと思っています。通常学級の担任にも読んでいただきたいものです。

　最後に，仙台市のM小学校のお母さんからいただいた手紙を紹介します。お子さんはIQ50で情緒障害学級に在籍しています。

　「今ではうちの子もすっかりスムーズにできている〝タイル操作〟での計算ですが，改めて他の小学校の特別支援学級の児童はやはり通常学級のやり方で教えてもらっているのかな……と考えたりしました。できなかったことができるようになる。そして世界が広がっていくのは本当にすごい事で，思考への刺激もたくさん受けていると思いますし，達成感も，うちの子は得られていると思います。」

1章

数以前の学習

（同じということ
数える・計算するための前提）

　数の学習のはじまりは「同じ」ということがわかることです。それは，数とはそもそも「同じ」ものの集まりの大きさを表す言葉の一つだからです。「同じ」がわかることからはじまるというと，すぐに数的な一対一対応を連想しますね。算数の学習といえば数詞や数字を使いたいものです。数詞が言えて，数字が書けると，周りの人や保護者の方も算数をしているとみてくれます。しかしなかには数を唱えても，数詞はバラバラだったり，数えられなかったりで学習が進まないお子さんもいます。たとえば，2まではわかるが3以上の数は「いっぱい」の数と認識してしまうお子さんなどです。「3の壁」とか「4の壁」といわれる段階ですね。

「同じ」ものだから数えられる

　特別支援教育対象のお子さんだけでなく小さい子どもたちにとって，数概念の獲得と言葉の概念，意味の学習は切り離すことができません。わたしたちが「同じ」と言うときには，いろいろな要素のなかの一つあるいはいくつかに着目して「同じ」と言うことが多いです。たとえば「男の子」と規定するときには性別でくくるわけで，背の高さや太っている，やせているといったことは関係なくなります。逆に言うと，これらを一つの要素でしか見られない子どもの数概念はとても狭いものになります。ですから算数の出発は「同じ」がわかることからはじまります。
　すこしまわりくどい言い方になってしまいましたが，「同じ」がわかるということは「仲間集め」ができるということと同じことです。この概念なし

に目の前にあるものを 1, 2, 3……と数えることができたとしても, そこからの発展はむずかしくなります。同じ 3 でも 3 台, 3 匹, 3 本……と認識されないと, たし算やひき算には必ずしも結びつかないのです。数は, ただ数えてその大きさとして 3 がわかるだけでなく, あとあとたし算やひき算で使えない数を理解しても数がわかっているとは言わないのです。

では, たし算やひき算はどういう場面で使うのでしょうか。のちほど, たし算, ひき算の章でもくわしく述べますが, この二つの計算は同種の量のときにできる計算です。ですから「あめ 5 個＋チョコレート 2 個」は単純に

　　　5 個＋ 2 個＝

という式にはなりません。さきほど述べたように, 同種の量と子どもが認識できたときに初めて成立する計算になります。つまり「あめ」も「チョコレート」も考えようによっては「同じ」ものととらえられることが前提になるわけです。個別にしか考えられない子どもにはこの計算はできないことになります。これらが「お菓子」「おやつ」という概念でくくれることがわかると, 5 個＋ 2 個は

　　　（あめ）5 個＋（チョコレート）2 個＝

という式ではなく

　　　（お菓子）5 個＋（お菓子）2 個＝（お菓子）7 個

となって, たし算が成立します。

前置きが長くなりましたが,「同じ」ということがわからないと数概念の指導に入れないということが, わかっていただけたでしょうか。

分類の学習

では,「同じ」の学習はどこからはじめればいいのでしょうか。

わたしは, 重度障害の特別支援学校でもこの授業をおこなったのですが, 自動車の写真をパソコンで 4 色にしました。同じ自動車の色違いということになります。同じカードを 2 枚ずつ作って「神経衰弱」をしました。まずは「色」に着目させました。色違いの自動車のカード 2 色 4 枚を並べて「神経衰弱」をします。同じ色のカードを選べば当たりです。

子どもによっては，まだ色の名前を言うことができないこともあります。ですから，一つのもので色別に分けることができたら，別のものでも同じように分けさせました。わたしの場合は，自動車，電車，コップ，ピーマンでしたが，なんでもかまわないのです。

　一つのものができたら，自動車と電車のように違う種類のカードを並べた「神経衰弱」になります。それまでは色だけで選べばよかったのですが，今度は同じ種類という観点も入ります。さらに3種類，4種類とカードを増やしていきます。

　神経衰弱のあとは，今度はそれぞれの赤，青，黄，緑を同じ仲間として一緒にできるかどうかです（ピーマンは赤，黄，緑の3色でしたが）。自動車でも，電車でも，コップでも赤は赤のグループとして集めます。この**色の抽出**は特別支援学校の重度障害の子どもたちにもできました。「アカ」という言葉が子どもたちから出てこないときに「あか」ということを教えます。名前の抽出よりは色の抽出の方が早くできました。

　特別支援学校などで「言葉・数」という学習形態をとるのは，このあたりの学習は分けておこなえないからです。数の学習は言葉の概念をあるていど獲得しているという前提があります。「同じ」という言葉の概念が未獲得の場合は，「同じ」の学習の出発は「色」になります。

　普通学校の特別支援学級でもおこなったのですが，小さい子たちは色と形がそろわないと正解と思いませんでしたが，5，6年生は形が違っても「色で集めました」と言えるようになりました。

16

次は，色が違っても「**物の名前が同じ**」という学習です。「赤いコップ」「青いコップ」「緑のコップ」「黄色いコップ」だから「コップ」の仲間です。色別にするという学習から色は関係ないという学習に視点を変えるので，子どもたちは，かなりとまどいました。なかでも電車はそんな色のついた電車は，ここ宮城県を走ってはいません。子どもたちはカラフルな電車を見たことがありませんでした。「電車に色はついてない」となかなか受け入れてもらえませんでした。東京からの転入生の実家が錦糸町なので「黄色い電車あるよね」という問いかけに反応してくれました。このことからも，物の名前の抽出は子どもたちの身近なもので導入した方がいいと思います。

二重分類の学習

　色の分類，名前での分類ができるようになったら，二つの要素で分類をします。縦に色，横に名前の枠を用意して，はじめにいくつかの写真を貼っておきます。そして何枚かの写真を見せて，それをどこの位置に貼ればいいかを考えさせます。この練習を何回かおこなった後に，なにもない状態から写真カードを貼らせます。

　ここでは色別のカードを使いましたが，子どもたちの身近な物でも十分におこなえます。持ち物で同じ物があればいいわけです。靴，筆箱，お道具袋，ランドセルなど，規格品ではないけれど同じ名前でいう物があればいいわけです。「〇〇ちゃんの□□」といえる物があればそれで二重分類の学習ができます。

　余談になりますが子どもたちはアンパンマンが大好きで，自由時間にアンパンマンのビデオをよく見ていました。そこでアンパンマンに出てくるキャラクターがそれぞれ1人，2人，3人の3枚ずつのカードを作りました。1年生のナオトくんの勉強で使ったのですが，これも二重分類といってもいいのですが，ナオトくんはいくら誘ってもキャラクター別に分けるだけでした。1, 2, 3の意図までは汲んでくれませんでした。やはりこの段階に数的要素は入れない方がいいですね。

　私も「早く数を」と知らず知らずに考えていたのかもしれません。

仲間集め

　分類，二重分類の学習がスムーズにできるようになれば，次の段階に進みます。これができれば「同じ」ものの集まりをつくることができるので，「仲間集め」の学習に入ることができます。

　大きさや向きの違うものでも「同じ」ものの仲間として認めることができるかどうかです。「仲間集め＝集合」の認識はこれから広がっていくことになります。わたしはカバの絵のカードを使いました。

これらはすべてカバの「集合」に入る。

　この学習があるていどできるようになったら，次の「対応」に進みますが，そのなかでも「仲間集め」は扱っていきます。どこまでできるようになったら次の段階に進むか，という決め手はないので，教師が次の段階の学習ができそうだと判断できれば次に進めばいいと思います。仲間集めの学習は，それだけで認識が深まっていき，子どもたちの生活も豊かになっていくことになります。

　ここの段階での学習は，語彙の学習を意識して進めたいところなので，入門期の国語の学習とリンクさせて考えるといいかもしれません。すこし話は外れますが「上，下」「右，左」などの空間概念の学習でも同じようなことが言えます。

（一対一対応
具体物から「量」のイメージをとり出す ）

　前にも，日本語の「同じ」にはいろいろな意味合いが含まれていることはすこし述べました。ここでは，数の学習で使う「同じ」という言葉の意味を子どもたちにわかってもらうのがねらいです。数の大きさとして「同じ」ということです。

　ところで，数がわかっているというのは，何がわかればいいのでしょうか。数字が読めて，数唱ができればいいのでしょうか。数というのはある集合（仲間）の大きさを表す一つの方法です。そのときには色や，大きさ，形で分けたとしても，数として表すときにはすべて抽象化されて2とか3で大きさを表すことになります。子象でもおとなの象でも1は1なのです。象という名称は残りますが，そのほかの要素は考える必要はありません。

　このレベルの学習は，二つの集合が同じかどうかの学習です。対応させて，同じであるかどうかということです。算数の学習というとどうしても数字や数唱を思ってしまいますが，その前に「数的に同じ」という理解が必要になります。

　ここでは両者を「数えて同じ」ではなく，操作をしながら「並べて同じ」という学習をします。「並べて同じ」は，のちのちタイルでの数の学習をするときの前提になることですから，是非やっておきたいものです。

ピッタリ――「並べて同じ」からの7ステップ

　対応で数の大きさが同じだとわかるには，量の4段階（直接比較 ⇒ 間接比較 ⇒ 個別単位 ⇒ 普遍単位）と同じようにやっぱり段階があると思います。

数以前の学習　*19*

これは東京の森誠治さんのアイデアをお借りしました。森誠治さんは，数学教育協議会（数教協）の特別支援分科会などで，「安曇野プラン」として数以前の学習プランなどを提案されている方です。特別支援の算数教育で，とくに数以前の学習分野においては第一人者ともいえる方で，わたしも数教協の全国大会で話を聞いて刺激を受けました。

　はじめに扱ったのは3個でした。2個だと何も考えずに両手で持ったら対応ができてしまいます。両手に余る量がいいと思いました。また，4だと小さい子どもにとっては，一目ではとらえにくい量になってしまうように思ったからです。操作では，一方は3個を用意しますが，対応させる方の物は5〜6個のなかからとり出させます。最終的に過不足なく出せるようになってほしいからです。

1. 密着型の段階

　犬の人形の上にウインナソーセージを載せて，ウインナソーセージが余らなければ「同じ」ということにしました。「同じ」を表すのには両手で囲むようにして「ピッタリ」と言うようにさせました。

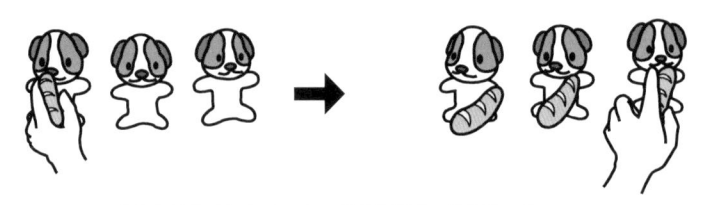

犬の上にウインナソーセージを1個ずつ載せていく。

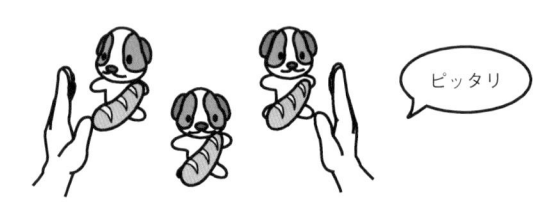

これが，数的に「同じ」ということ

2. 並べて比べる

　今度は二つのものを並べて比べます。この段階のねらいは「対応」させることの操作を学ぶことです。多く出してしまったときには「あまりました」と言いながら入れ物に戻させました。逆に足りないときには「足りません」と言いながら入れ物から出します。

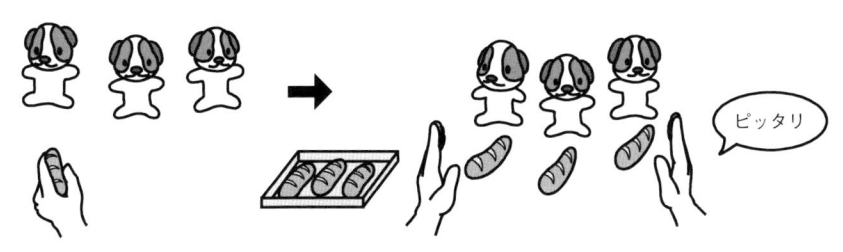

犬のそばにウインナソーセージを1個ずつ置いていく。

3. すこし離して比べる

　並べて比べることに慣れてきたら，すこしずつ二つの物の距離を離して並べます。

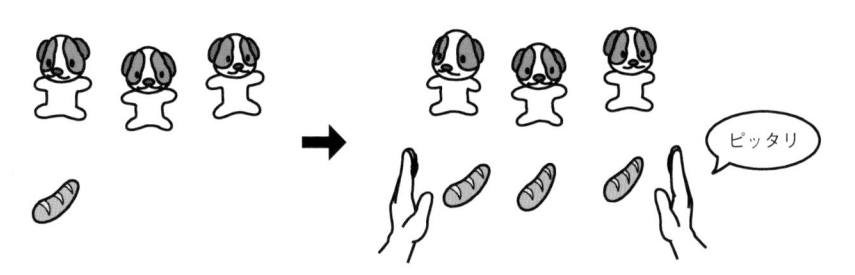

犬とソーセージの距離をすこしずつ広げていく。

この段階は，視線の移動を使って「(対の数が) 同じ」がわかるところまでいくと大成功です。市販のプリントなどにある「どちらが多いか線でつないで比べましょう」という課題の意味は，ここの操作（視線対応）を経ないとよくわからないと思います。教科書やプリントの図は操作の結果だけが書いてあります。ですから操作抜きにそのことを教えてみても，子どもにとってはチンプンカンプンです。

　ナオト君は離れたところでも「ピッタリ」の動作をしましたが，自信はないようでした。操作のときに「ピッタリ」をしたあとに，犬に重ねて同じかどうか確かめていました。

　前にも述べましたが，完全にできるようになるまで次のレベルに進めないと思いこまないでください。子どもは，さまざまなことを経験することで「同じ」ということを広く理解していきます。ちょうどわたしたちが，一つの言葉にもいろいろな意味があることをすこしずつ理解していくように。

4. 離れたところから持ってくる(1)

　同じ机の上での操作がある程度できるようになったら，もっと距離を置いていきます。子どもは「同じ」数を持ってくるためには，犬の数を記憶する必要があります。

　下の図は隣の机から持ってくるようにしたものですが，距離はだんだん離していきます。

数以前の学習　23

5. 犬を隠す

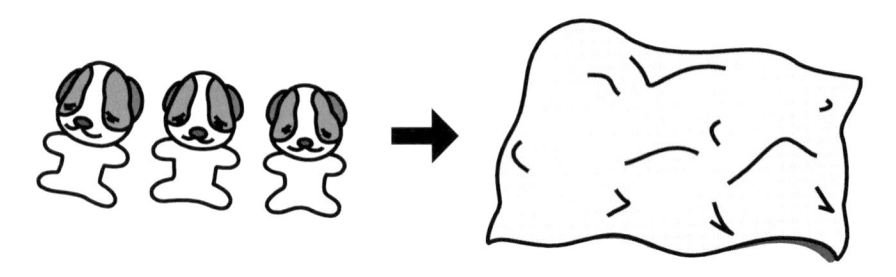

犬を一度見せたあと，布を掛けて見えなくする。ここへソーセージを並べさせる。

　犬を隠しておいてソーセージを並べさせました。犬を一度見せたあと，布をかぶせてしまいます。
　「お昼寝が終わったら食べさせるから用意してね。」
というような場面設定がいいと思います。4. よりも一歩進んだ短期記憶が必要になります。対象物が見えなくなるので記憶だけが頼りです。

6. 離れたところから持ってくる(2)〜仲立ちへ（間接比較）

　今度は間についたてを立てるなどして，いったん子どもの視野から犬が消える場面をつくります。前の場合はわからなくなったら，布をはずして犬の数を確認することができましたが，今度はそうはいきません。
　なかなかうまくできないときには，仲介するものとしてタイルを使いました。犬とタイルを対応させて，
　「タイルと同じソーセージ持ってきて」
と声がけして，はじめはタイルとソーセージの対応を一緒にしました。そし

て机に戻って犬とソーセージの対応をしました。言ってみれば

$$犬＝タイル，タイル＝ソーセージ　だから　犬＝ソーセージ$$

の推移律をさせているのですが，子どもには言葉がわかりませんので，操作の中で感覚として覚えてもらいました。

　ここでは〝3〟で操作をさせていますが，まだまだ数の「3」の指導には入りません。あくまで対応の学習であって，数の指導ではないのです。ですから，ここで数えさせることは避けたいものです。

7. ピッタリをまとめて持ってくる

　これまでは1個ずつ持ってきて，あまったら戻すということでもよかったのですが，〝3〟を一度に持ってくることにしていきます。〝3〟という量を意識させていきます。

　はじめから「ピッタリ」持ってくることはできないかもしれませんが，だんだん慣れてきます。

　わたしはこの一連の学習を「犬とソーセージ」で通しました。ほかの物は一連の学習が終わってから，理解を深めるということで登場させました。はじめは，犬と食べ物のように「対応」がわかりやすいものにし，「エクレア」「クロワッサン」なども使いました。また，6.でタイルを使ったのは，ゆくゆくはタイルで「犬」「エクレア」「クロワッサン」……の代用にしたいという思惑があったのです。これは次におこなう数の学習の布石のつもりです。

ずれても同じ——数の保存

　ここまで対応させて「ピッタリ」をしてきましたが，どれもずれないで並べる操作でした。

長さが違ったり

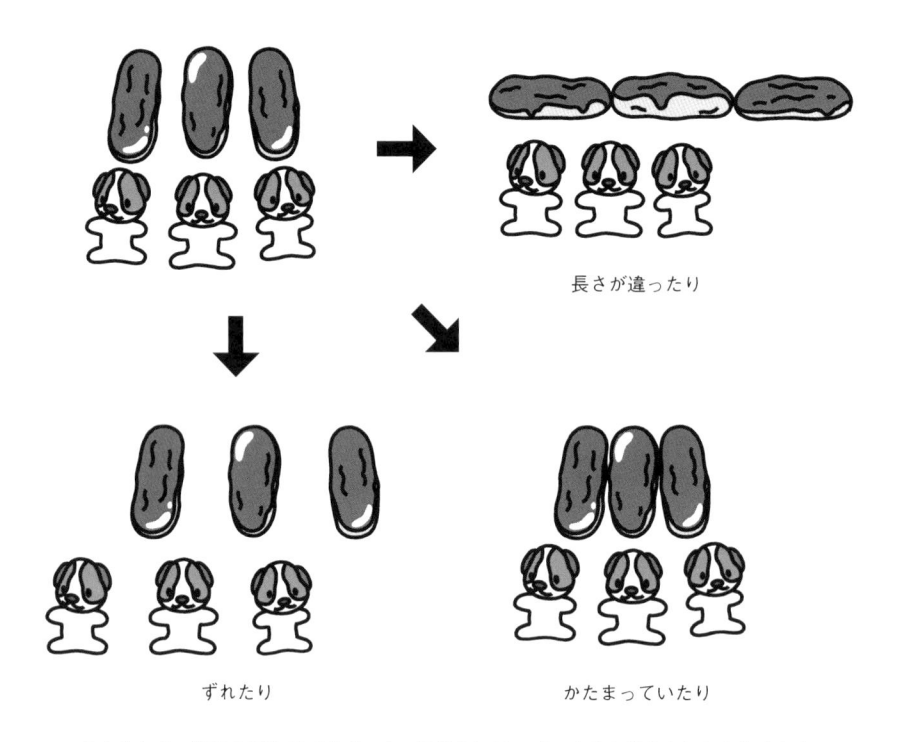

ずれたり　　　　　　　　　かたまっていたり

こんなとき，保存の概念ができていない子どもには，ピッタリかどうかわからなくなる。

　ところが，並べ方を変えると，多くなったり，少なくなったりする子が少なくありません。上の図は「犬」と「エクレア」です。これまでは並べ方も「ピッタリ」でした。じつは，子どもたちは犬の列の長さ，エクレアの列の長さなどで判断していたようです。保存性はまだ確立していないということになります。

　そんなときには，わざと列の長さが違うものや大きさの違うもの同士の対応をさせることにしました。子どもたちは同じように並べれば「ピッタリ」になることは学習しているので，並べ直せばいいわけです。その意味でも「同じ」とはどういう状態になったときかを学習しておけば対応できます。

　この「保存性」が確率するのは6歳前後といわれています。ちょうど小学校に入学する前後でしょうか。ですから通常学級では確認程度ですんでしまうのでしょう。しかし，特別支援教育対象といわれる子どもたちは，その段

階になる前に入学する子が多いから目に付くのだと思います。

　しかし，その時期が来るのを漫然と待っているわけにはいきません。というのも，保存の概念は，教えてすぐにできるようになるものではないといわれているからです。

　「実際，数の保存という概念を獲得するためには，数年間の経験が必要なのである。」(吉田甫『子どもは数をどのように理解しているのか』1991, p.13)。

　わたしは「ピッタリ」などの学習を重ねていって，「習うより慣れろ」的に次の学習に入っています。そのなかで理解はだんだん深まっていくことを期待しながら。

タイルの使い方

　タイルは水道方式での授業をするときには，なくてはならない教具です。タイルというと風呂場などで見かける瀬戸物のタイルを思い浮かべると思いますが，ここでいう「タイル」とは，1を正方形で表す教具の総称です。紙でも，本物タイルでも，マグネットシートでも材質は問いません。大事なことは，数を量的にとらえられ，数の操作や十進位取りの構造が視覚的にもとらえられる教具であることです。

　また，タイルは演算の意味や計算方法にあわせた操作ができる，ということが重要です。タイル操作とは，単にタイルを動かして答えを見つけることではありません。タイル操作に即して計算方法がイメージできるということが大事です。**操作には，演算の意味と筆算過程が内在する**ということを次章以降みていきますが，重要なのはこの点にあります（「操作」の位置づけについては，あとがきにあらためて書きます）。

　この本では数の導入からひき算のところまでのタイルの使い方を紹介していますが，もちろん，かけ算，わり算でも使えます。さらに，使い方はすこし違いますが，小数，分数など小学校の算数全般で使える教具です。タイルを使い続けることによって，小学校での数のイメージは同じ考え方で学習をすることができます。さらに中学校で2次方程式の学習にもタイルを使っている方がいます。

材料と作り方

　わたしは状況にあわせて，さまざまなタイルを使っています。わたしが使うタイルの材質はおもに2種類です。操作を重視する段階では動かしや

すい瀬戸物タイルを，タイルのイメージができあがってきたらマグネットを使います。

　まず，瀬戸物タイルについてです。「99までの数」（次章）で使ったのは「ポリコンモザイク19mm角PC10」（イナックス）というタイルです。縦に10個並べるときに机の上で操作しやすいし，児童用の机に2段並べることができました。また，両面がツルツルするので手触りも量感もよかったです。しかし，残念ながらこれは販売終了で手に入らなくなってしまいました。

　「パタパタタイル」で使ったのは，「インテリアモザイクNY6（黄色）」です。こちらは25mm角のものです。入手法については「パタパタタイルの作り方」のところを参照してください（p.58）。

　もう一つは，両面マグネットシートを切ったものです。置いたタイルがちらばりにくいのがメリットです。子どもが使うものは1.5cm角を〝1〟にしたものにしました。タイルを置く台紙は，100円ショップで売っている磁石が使えるホワイトボードです。大きさはいろいろありますから，使うタイルに合わせたものを選んでください。縦に2列に並べられないときには，たし算は「添加」型（p.69参照）を多くすればいいと思います。

　黒板用には3cm角を〝1〟にしたものです。こちらは檜の薄板に両面テープで両面マグネットシートを裏表に貼り付けたものを使いました。この厚さだと学校の裁断機で1や5のタイルを切ることができます。また，厚みがあるので使いやすかったです。黒板に貼るときに，「バチン」と音がするので子どもたちには好評でした。

タイルをなぜ使うのか

　半具体物としてタイルを使うことは，視覚的に量も計算手順もイメージしやすくなるからです。タイルを使ってのたし算の操作の過程に，筆算の計算手順が内在しています。タイルの動きを数に置き換えたのがそのまま筆算方法となります。その意味で，筆算のやり方を子どもにくどくど説明

する必要がありません。また，タイルは量を視覚的にとらえられるだけではなく，LD，ADHD，情緒障害……といわれる特別支援学級対象の子どもたちと教師との間をとり持つ算数での言語になります。

学校の算数セットは最近ではタイルに近い「ブロック」が入っていることが多いようです（わたしは使ったことがありません）。まずブロックとタイルの違いですが，前にも子どもの数概念は「5といくつ」でとらえるのが自然だと述べました。ブロックは5の入れ物があるとはいえ，すべてがバラバラにあります。ですから数えないといくつか確定できません。5のタイル，10のタイル（本のタイル）に相当するものがありませんから，2位数になったときでも，十のブロックの裏はすべてバラなので，25個のタイルを見て205と書く子も出てきます。十の位に行く必然性がないので，位取りも曖昧です。タイルだと1のタイルと本のタイル（10）を同じところに並べませんし，一緒に数えることもしません。また，ブロックは20個ぐらいしか算数セットに入っていませんので，「99までの数」には分量が足りません。

数の学習に用意するタイルの数は，一人一人に操作させるか，グループでさせるかにもよりますが，学習者1組に100個くらいあればいいと思います。「NY6」だと12×12個が1シートになっていますから，1組に1シートあればじゅうぶんということになります。

必要な数のタイルだけで学習すると，子どもは考えずに操作をしてしまいます。たくさんの中から必要な分を選びだして学習をすることで，数概念が豊かになり，考える子どもになるのです。たくさんの中から選ぶということは，広い数の世界を意識して2桁のたし算の学習をすることになるわけです。

この本で使われているタイルには，次のものがあります。

●バラタイル（図1）

名前のとおり，タイルはバラバラにあります。つまり1のタイルがそのまま並んでいる状態です。

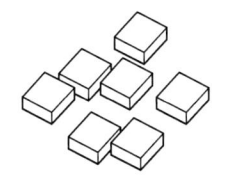

図1　バラタイル

● 5の瓶詰（図2）

　5の瓶詰タイルは5個のタイルの片面をガムテープで貼ったものです。片側はいくつあるかが見えるものです。

　このタイルはあまり使いませんが，「5の瓶詰」という言葉は覚えておいた方がいいかもしれません。

● 5の缶詰（図3）

　5より多い数を「5といくつ」と見るように，「5」の部分をガムテープでくるんでしまいます。くるまれたものはいちいち数えなくても「5」となります。初期の段階では「5」が不安な子（次章参照）のために全面をくるまないで，片側の横は中身が見えるようにしておきました。2, 3個用意すればいいと思います。

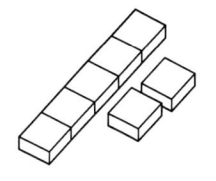

図2　5の瓶詰 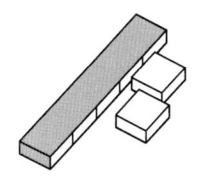　　　図3　5の缶詰

タイルの使い方

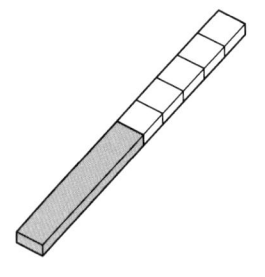

図4　5の缶詰と瓶詰タイル 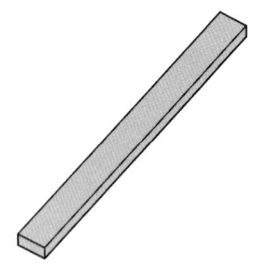　　図5　本のタイル

● 5の缶詰と瓶詰タイル（図4）
　10を5の缶詰と瓶詰タイルにしたものです。このタイルの利点は，ここから1桁の数ならいくつでもとれることです。10の補数でひき算を指導するときには必ず使います。

● 本のタイル（図5）
　10個のタイルを長く並べて両面をガムテープで貼ったものです。どちらから見ても1本に見えるので，「本のタイル」とよびます。5・2進法で繰り下がるときには，半分に切って5の缶詰タイル2個にします。ガムテープで貼るメリットは，切ったり戻したりが簡単にできるところにあります。

● 50のタイル（図6）
　本のタイル5本をまとめたものです。本のタイルでも，数えなくても何本かがわかるようにしたものです。これを使うことで，本のタイルも「5といくつ」でとらえられます。

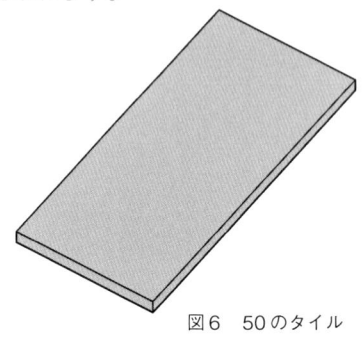

図6　50のタイル

2章

99までの数

計算より先に十進構造を

　この章は「99までの数」までを一連の学習として位置づけています。多くの場合そうではありません。教科書ではつぎのようになっているようです（1年生の年間指導計画）。

　　数の導入 ⇒ 10までの数・合成分解 ⇒ 10までのたしひき算
　　　⇒ 20までの数 ⇒ 1位数同士の繰り上がりのたし算
　　　⇒ 20までの数の繰り下がりのひき算 ⇒ 100までの数

これでは，数の学習が細分化されすぎて，数を十進構造としてとらえる考え方が子どもたちに身につかないように思います。ここでわたしが考えたのは，特別支援教育対象の子どもたちのなかに，前に紹介したカケル君のように「8＋6」からなかなか進めない子どもたちが少なくないということです。この原因の一つに，数を十進構造としてとらえ切れていないということがあげられると思います。
　「8＋6」の学習のなかに，「答えの出し方」と「十のまとまりで考える」という二つの学習が同時並行で入ってしまっているからです。そのために，子どもたちの能力めいっぱいの学習になってしまっているように思います。
　そこで，まず「99までの数概念」を豊かなものにする学習をおこなうことにしました。
　「十進構造としてとらえて，数概念を確実なものとする学習」と「たし算の筆算の学習」を分けるのです。このことで，子どもたちは同時に二つのことを学習する必要がなくなり，安心して学習にとり組むことができました。

　はじめにことわっておきますが，わたしの授業にはキャラクターや買い物ごっこなどのゲーム，そして擬人化されたタイルなどは出てきません。ただ淡々と数の学習を進めています。キャラクターが登場すると，楽しい授業になるかとは思いますが，逆にキャラクターから数へ抽象するむずかしさがあ

ると思います。子どもたちは，キャラクターなどがなくても数の世界に入ることができ，学習にとり組むことができました。

学習段階ごとの目標

① 9までの数と合成

　9までの数の理解と，たし算が使われる場面の理解の学習をします。ここでたし算の意味の学習をしておくことによって，筆算の学習をしながらたし算の意味をいちいち確認しないですむことになります。

　筆算形式はここでは扱わないことにしました。たし算は，タイルをあわせる操作をすれば答えが出せることがわかればいいのです。必ずしもはじめから，数字を使った筆算形式を導入しなくてもいいのです。ここでは，たし算の答えを出すことよりも，たし算の意味や数の合成に主眼をおいています。操作をしながら数の合成の学習をします（「たし算」の章の学習プランの表を参照してください）。

　ここで獲得した数のイメージは，そのままたし算でも使いますので，たし算の筆算をどう教えるかのイメージを，教師はこの段階で持っていたいものです。筆算になったときに，また違う数のとらえ方が必要になることは好ましくありませんから。

② 99までの数概念をつくる

　教科書などでは，10までの数 ⇒ 10より大きい数 ⇒ 20より大きい数 ⇒ 3桁の数，と分けられています。これでは数の構造が小分けに出てきて連続性がありません。10は2つの数字で表しますから2桁の数なのに，その位置づけもありません。

　そこで，9までの数がわかったら一気に99までの数を扱います。そうすることで十進構造がより見えてきます。99までの数を「数字」「数詞」「タイル」で表すことができ，それぞれの関係がわかるまでやります。あるていどできるようになったら，それを深めて，確実にしていくのは2桁の筆算のなかでおこないたいと思います。

③ 筆算の指導

「5-2進法」の筆算の型をよく見ると，何桁の数の計算でも
　(a)　2＋2型（両方が5より小さくて繰り上がりなし）
　(b)　7＋2型（片方が5より小さくて繰り上がりなし）
　(c)　7＋6型（両方の数が5より大きい数同士で繰り上がりあり）
　(d)　7＋4型（片方が5より小さくて繰り上がりあり）
の4つの型になります。すべてのたし算は，この4つの組み合わせでできていることになります（「たし算」の章でくわしくみます）。

　これまではこれらを，「1桁の繰り上がりなし」「繰り上がりのある1桁同士のたし算」……と別々に指導するのが主流でしたが，わたしは2桁のたし算のなかですべてを一緒に扱うことにしました。特別支援教育に在籍する子どもたちが，この学習をするようになるのは，普通学級の子どもたちから数年は遅れてしまうのが実情です。繰り上がりができないとはいえ，3年生，4年生になっても1桁＋1桁の計算を延々とするのは子どもの気持ちにたったときにはどんなものでしょうか。実生活ではもっと大きな数の中で暮らしているのに学校では1桁の数！

　2桁同士の計算の中で筆算を学習すると，子どもたちの数の世界が広がります。また，問題の数も約5500問になりますので，同じ問題ばかり毎日させられるということも少なくなって子どもたちは意欲的に学習にとり組むのではないでしょうか。

　実際の授業では(a)～(d)の型は別々なものではなく，(a)の2＋2型がすべてのベース（素過程）になっていて，それを使ってほかの型の問題を解いていくことになりますから効率的でもあるわけです。

　ほんらい数の学習のねらいは確かな数概念を持つことです。数概念には4つの面があります。「たし算の面」「ひき算の面」「かけ算の面」「わり算の面」です。四則計算ができるようになると，数を，さらに多面的にとらえられるようになり，数概念をより深く高度に理解するようになると思います。99までの数の理解を子どもに持ってもらうことを四則計算指導の原点とする指導を試みてみました。

なにごともはじめが肝心です。さきの二つの章で紹介した数に入る前の準備段階を，子どもの実態をよくつかんでていねいに地ならししておくことが大事です。あとあとになってほかのことを学習しているのに，前に戻って学習し直すということは非効率的になりますし，子どもの思考が止まってしまいかねません。

前にも述べたように，集合の概念，対応，数の保存の概念は数の学習をはじめる前提になりますから，一応確認しておく必要があります。数の保存の概念は5，6歳で完成するといわれていますから通常学級では学習内容には入っていないことが多いのです。

なぜ「5-2進法」なのか

「5-2進法」という名前は，「5が2つで10をつくる」ところからきています。この考え方では，6以上の数は「5といくつ」ととらえます。教科書などにはほとんど出てきませんので，初めて聞く方もいると思います。

そもそもわたしたちが一目でいくつあるかがわかる量は，大人でも4か5と言われています。それより量が多くなると，一つ一つ数えないとわかりません。5-2進法で〝7〟は「5のかたまりと2」ととらえますから，「2」だけ見ればいいわけです。「7は2の仲間」と考えさせている人もいます。

わたしたちが指で6以上の数を表すときも，両手で「5といくつ」と表しています。また，お金も5円玉，50円玉……と，途中に5を使った方が数えやすいです。じつは5-2進法は，わたしたちの身近にもあるのです。

5-2進法ならば，下の①にあげるように，数の合成分解を考えることがないのです。1年生の子どもたちが算数嫌いになる第一の単元が，5月中旬にはじまる，この「いくつといくつ」の学習です。お姉ちゃんが5-2進法で教わったお母さんが，1年生の妹が嫌がっていたら「そんなの覚えなくても大丈夫」と励ましていました。

「5-2進法」がいちばん効果的なのは繰り上がりの学習においてです。

$$7+6 = (5+2)+(5+1) = (5+5)+(2+1)$$

と考えていきますから，実際は2+1ができればいいということになります（く

わしくはたし算の章を参照してください)。このように，複雑に見える計算もじつは 4+4 までの計算で答えが出せることになります。繰り上がりのたし算のときに，数の合成分解を使わなくてもすむことは，子どもの負担が格段に軽減されるということにもなるのです。

「5-2進法」で教えることのメリットは以下のとおりです。

① 1～9 の数は形を変えることはないので，数を認識しやすいこと。

繰り上がりの計算は

「5 と 5 で 10, バラ同士をたして○」

という計算手順になりますから，2～9 までの数の分解（36 通り）と 10 の補数（9 通り）の 45 通り[※] を覚える必要がありません。さらに実際の計算は 4+4 までの計算ですべてができますから指で数えて答えを出すこともほとんどありません。

※分解の「6 は 2 と 4」と「6 は 4 と 2」を子どもは別の組み合わせと思うことも多いので別の分解として数えています。

「10 の補数」で教える方法と「5-2進法」で教える方法を比べてみましょう。

従来の「10 の補数」でたし算をすると，6 は 6 通りにも分解されます。ですから繰り上がりのたし算の前に，6 の分解を覚える必要があります。これは他の数についても同じですから，全部で 45 通りの分解を覚える必要があります。

いっぽう「5-2進法」のたし算を見てください。数の分解の必要がありませんから常に同じ形です。

子どもたちが自然に持っている数概念は，「5-2進法」に近いものだということはあとでくわしく触れます。「5-2進法」によるたし算の方が子どもたちには負担が少なく，わかりやすいことがわかります。

② たし算の筆算の型が 4 通りにでき，効率的に指導段階を組むことができること。

(a) 2+2 型（4+4 までのたし算）

「10の補数」でたし算をすると，6は6通りにも形を変える。

「5・2進法」のたし算では，6はいつも変わらず「5と1」。

(b) 7+2型（片方が5より大きくて繰り上がりなし）
(c) 7+6型（双方ともに5より大きな数で繰り上がりあり）
(d) 7+4型（一方が2～4で繰り上がりあり，バラ同士から5をつくる）

何桁の数の計算でも計算過程を分解してみると，一度にする計算は上の4通りの計算しかありません。「10の補数」方式と比べると複雑な過程や説明がないので単純化されます。

③ 筆算は2位数の計算のなかで教えることができること。

これまでの方法は，9までのたしひき算が暗算でできないと次に進めないというような暗黙の約束がありました。「5-2進法」ではそういうことがなくなります。

そこで，数を，99までの数として一つながりでとらえさせることを考えました。とりあえず99までの連続した世界で学習すると，子どもたちの数の世界が飛躍的に広がります。

また，十の位と一の位で同じ型の計算をすることにより，筆算練習の学習で重複することはありません。3+4の扱いも，「5」を作る学習に入る通常の位置づけと違って，それほど重要視することをしなくても学習を進めることができました（p.76）。

「5-2進法」で教える

　繰り上がりの計算には,「5-2進法」と「10の補数」と「数えたし」などの方法があります。どの方法で教えても数の構造は十進構造になっているということは変わりません。

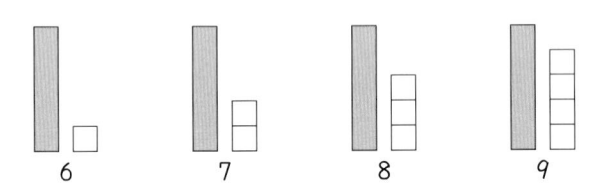

```
    6      7      8      9
```

　「5-2進法」では上の図のように6以上の数は「5といくつ」でとらえさせますので,子どもたちはバラのタイルに着目すればいいわけです。4までの数ですから数えることなく,視覚的にいくつかがわかることになります。また,基本的にこれらの数に対応するタイルは形を変えません。数の指導をどうしたのかは本章の後半でくわしく述べますが,繰り上がりの計算でも同様です。

　「5-2進法」で計算（筆算）の指導をするときに覚える必要のある計算は,図のバラタイル同士の計算だけなので, 1+1, 1+2, 1+3, 1+4, 2+2, 2+3, 2+4, 3+3, 3+4, 4+4の10種類だけになります。水道方式では「2+2型」といわれ,素過程ともいわれてすべての計算のベースになるものです。6より大きな数はすべて「5といくつ」で表すので,合成分解はありませんが, 3+3, 3+4, 4+4は新しく「5」を作る作業が入ります（わたしの授業では,この作業はとくにとり上げませんでした）。

　子どもたちに余計な負担をかけることなく,着実に成果が上がる方法としては「5-2進法」がベストです。「5-2進法」で繰り上がりを教えると型分けは2通りです。「7+6型」と「7+4型」ですので,「5と5で10」と「2+2型」ができれば何桁の計算でもできることになります。

　ここに興味のある指摘があります。

「子どもは，はっきりと意識しているわけではないが，7をいったん5と2に分解するということをあらかじめやっているのである。」(p.96)

「上昇方向の数唱では，停止すべき数が5の場合には，対象とした幼児全員が，きちんと数唱を止めることができた。」(p.97)

「10を基数とする伝統的なたし算は，幼児にはかなり理解しづらい方法ではないだろうか。」(p.99)

「〔繰り上がりの問題を〕5群〔5を基数とした〕では，多くの子どもが17問のすべてを正しく解くことができた。」(p.100)

「入学前に数の構成についての見方を導入するのに，5を基数とする方法が望ましいのは言うまでもない」(p.101)

（吉田甫『子どもは数をどのように理解しているか』1991, 新曜社．〔 〕は筆者注）

ここから示唆されるのは，数概念が未発達な特別支援教育対象の子どもたちにとって，「5-2進法」による数概念の形成は理解しやすいものであるということです。間に「5」があることによって，子どもたちの負担が大きく軽減されているのです。

通常学級の教科書では，数の合成分解をどのような意図で扱っているのでしょうか。手元にある教師用指導書（東京書籍）から引用してみましょう。

これまでの学習においても，数を合成的，分解的に見る機会があった。たとえば教科書p.16のような学習である。ボールという集合を，「かごに入っているボール」と「外に出ているボール」という視点でとらえなおし，ボールの数を「かごに入っているボールは3個，外に出ているボールは6個で，ボールは9個」ととらえる学習である。このような見方は，まさに数の合成的な見方であるといえる。

一方，ボール全体を集合としてとらえ，「ボールは9個ある」ことを確認した後，「かごに入っているボール」と「外に出ているボール」という視点で集合をとらえなおし，「ボールは9個で，かごに入っているボールは3個，外に出ているボールは6個」という見方も経験している。これは

まさに数の分解的な見方といえる。また、青いボールと赤いボールという観点で、9をとらえ直す経験もしてきている。この段階では、集合をいろいろな視点でつくり、その要素の数を把握することが主目的であったため、児童には数の合成的、分解的な見方はさほど意識されていないが、このような素地的な学習は経験してきているのである。
　本単元では……<u>数のもつ多様さや不思議さを十分に味わわせ、数についての感覚を豊かにすることを目的としている。</u>……（強調は筆者）

　わたしは数の合成分解を扱わないと述べました。それはナマの形で扱わないということです。この段階で必要なことは1～9までの数はどんな量なのかという理解です。つまり、量的に見てどうなのかということです。1～9までの数は、さきの図のようにタイルで表されるときにはいつも同じ形で、それ以外の形で現れることはないのです。2桁、3桁の数のなかで現れるときも同じです。
　では、合成・分解的な見方はいつ扱うのかということになります。「かごに入っているボールは3個、外に出ているボールは6個で、ボールの数は9個である」ととらえる学習はたし算の学習そのものであり、「ボールは9個で、かごに入っているボールは3個、外に出ているボールは6個」はひき算の学習です。教科書の発想は、子どもに長いスパンの中で系統的に指導するのではなく、前後とのつながりを考えずにそこでできるものはなんでも学習させていると思います。これはたし算に限ったことではありませんが……。
　ですから、必要な基礎基本の理解が十分できないうちに次のことを学習することにもなってしまいます。数をこの時期に多様にとらえさせる（下線部分）ということは、実体を見えにくくすることにもなります。合成・分解は必要なときに必然的な学習としておこないます。
　9までの数の合成は、たし算の場面としての扱いで学習をしています。これは「たし算」の章の学習プラン(1), (2)にあたります。

42

たし算の意味とタイル操作

　数の指導は，たし算の意味の理解の学習と切り離すことはできないと考えています。じつはたし算の学習を通して，子どもたちは数の世界を広げていっているのです。「5-2進法」での数概念の学習のときには，5までの合成分解ができればいいので，たし算，ひき算になるようなお話とタイル操作だけをおこないます。

　たとえばたし算の意味ですが，わたしは場面の理解がわかりやすいように，式に名数(助数詞)をつけさせています。そうすることによって場面がイメージしやすいですし，たせる場面とたせない場面の違いがわかってきます。この段階でのねらいは，たし算の答えが出せることではなく，量の違いを意識することです。

　式で表すと「2こ＋3こ＝5こ」となる場面は三つ考えられます。このなかのどれが，数概念を獲得しはじめている子どもに**たし算の典型**としてイメージさせるのにいいのでしょうか。

> ①　お父さんがまんじゅうを2個買ってきました。お母さんが3個買ってきました。あわせて何個になるでしょうか。〔合併〕
> ②　キャラメルを2個持っています。今日は3個もらいました。全部で何個になるでしょうか。〔添加〕
> ③　あめを2個，チョコレートを3個もらいました。今日のおやつは全部で何個ですか。〔上位概念で考える〕

　ここは，たし算とはどんな計算なのかということの理解と同時に数の合成の学習をするので，③のように2個，3個，5個の意味が違う問題は扱いたくないのです。当然①の〔合併〕と②の〔添加〕が中心になりますが，わたしは二つを区別しないで**タイルをあわせて答えを出す計算**を「たし算」としました。

　くり返しになりますが，ここでのたし算の学習は「数の合成」がねらいです。深追いはしないでください。

特別支援教育対象の子どもたちだからこそ，はじめに提示するものは先々まで通用するものにしなければなりません。いろいろ見せられたものを包括して考えることは苦手なのですから。

「3がわかる」とはどういうことか

　特別支援教育担任の方々から相談を受けることに，「3の壁」，「4の壁」ということがあります。2まではいいけど数概念が広がらないということだと思います。

　「乳児は2個と3個とをきちんと区別していることがわかった」（前掲，吉田甫 1991，p.59）というように，自然発生的な数概念を子どもは持っていると思います。そのことをどう表現したらいいのかがわからないだけなのだと思います。ちょうど子どもが言葉を獲得していくときのように。わかってはいるけど表現ができないのと同じです。

　ここでわたしが言う数とは，自然発生的な数概念ではなく，たし算やひき算で使える数概念のことなのです。

　「〝3〟がわかる」というのは，どういうことを言うのでしょうか。「イチ，ニ，サン」と数えられるようになったときでしょうか。わたしの1歳半の孫も「イチ，ニ，サン」と数えて「ジュウ」まで行きます。しかしこの方法だと□□■で3つ目の■が〝3〟になってしまいがちです。現に，「〝3〟を持ってきて」と頼むと3つ目の■だけ持ってくる子がいました。

　　　　　　　　1　2　3
　　　　　　　　　図1

　　　　　　（ 1　2　3 ）
　　　　　　　　　図2

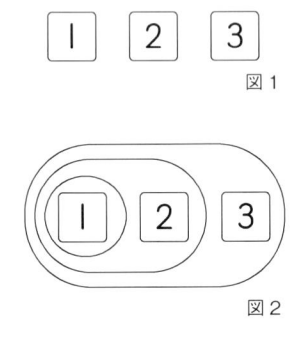

44

図1の段階は〝1〟の連続で3を数えています。〝3〟は図2のようにまとまりとして認識してほしいものです。図1と図2では見た目は同じように数えていますが，図2は集合の大きさを意識して数えています。
　図1のように，数えないと「サン」と言えないときは，まだ〝3〟がわかるとはいえません。同じ数えるにしても，図2のように集合数としての認識ができているときに〝3〟がわかったといえると思います。
　さらに「保存性」の獲得ということもあります。対応の学習で列の「つまり具合」や「長さ」で量の多い少ないを判断している時期には〝3〟はわかっていないということになります。
　下図のように，どんな置き方をしても同じ〝3〟であることが理解できないと，〝3〟がわかったことにならないからです。

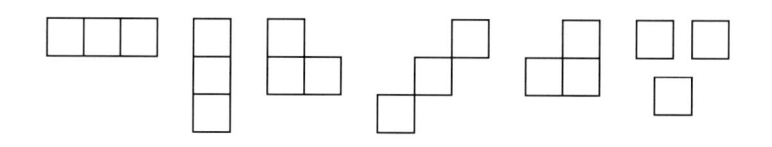

　「一対一対応」の章の，犬とエクレアの図でいえば，どんな並び方をしていても同じ数だということがわかったときに「保存」の概念ができていることになります。たしたり，ひいたりしなければ数は変わらないということです。

＊　　　　＊　　　　＊

　ここから，実際の指導の紹介に入ります。

5までの数の指導――数えるだけでなく

　わたしは，これから数の学習をはじめる子どもたちと出会ったことはありません。そこで，「5は？」と聞くと，5個の○を並べて描いて，数えて確かめていた子どもたちを「タイル」を使った学習へ導入した方法を紹介します。それが入門期の数の学習のヒントになればありがたいです。

具体物からタイルへ

　数の学習のはじまりは，タイルにいろいろな具体物を投影できるようになることです。数を具体物でしかとらえられないのでは学習が深まっていきません。

　はじめにおこなったのは，タイルにいろいろなものを投影させることでした。「一対一対応」の〝ピッタリ〟の学習で，離れたところから対応する数のものを持ってくるときに，いくつ持ってくるのかがわかるようにタイルで確認させました（p.24）。その学習の延長です。ソーセージをとるときに「犬はいくつ？」と子どもに聞くとタイルを見せてくれました。犬以外の場面でもタイルを仲立ちにして対応をさせました。

　わたしの場合もM小の場合も，初めて数を獲得する子どもではないので，すぐにタイルと犬，ソーセージ……が同じ数であり，タイルを見せて具体物をイメージすることはすんなりとできました。しかし，初めて数を獲得する子どもであればここはていねいに，じゅうぶんに時間をとりたいところです。

　3個のイチゴの絵などを見せると，子どもはすぐに数えはじめます。そして元気よく，自信を持って「サン！」と言います。わたしたちはつい，3がわかっているなと思ってしまいます。ところが「3はどれ？」と聞くと，子どもは3つ目のイチゴを指さすことがあります。子どもは数えているのであって，集合の大きさとしての3をまだ理解していません。

　ですから，数えて「サン」と言った後に3個のイチゴを両手で囲ませて「サン」と言いなおさせます。前に〝ピッタリ〟でおこなったのと同じ動作です。

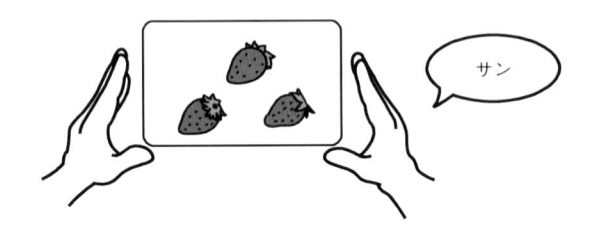

　あとあと，たし算のときにも，あわせたタイルを数えて最後の数詞が答えになるのではなく，**あわせてできたタイル全体の数の大きさが答えになります**。教科書は，数詞を対応させていって最後に対応した数が答えになると説

明しています。ですから□□□を見せて「サンは？」と聞くと，□□■と3つ目のものを指さす子がじつは多いのです。東京書籍の教科書でも「具体物の個数を数えるのに数を用いる」「1～5の個数を数えることができる」とありますが，このやり方は数えたしそのものです。1～5がわかるというのは，数えることではなく集合数としての数です。

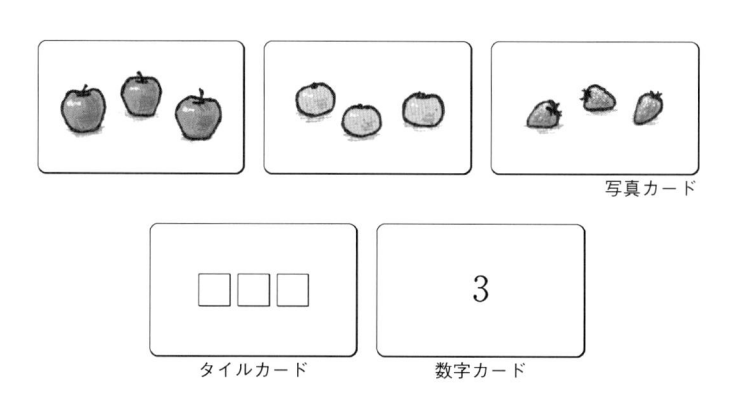

写真カード

タイルカード　　数字カード

〝3～5〟の学習では，上のようなカードを使って神経衰弱ゲームをしました。写真カード，タイルカード，数字カードをそれぞれの数で用意しました（図では〝3〟に代表させましたが，1～5までのものも用意します）。

　はじめは写真カードだけを使います。めくったときに数えて確かめてもいいのです。どんな方法でもいいから，子どもが「同じ」と判断すればいいのです。子どもが判断を求めたときにだけ教師は正答か誤答かを言います。数への導入ですから，同じ種類のカードでなくてもいいわけです。「数として同じという認識」を持ってほしいわけですから。

　次は写真カードとタイルカードの「神経衰弱」です。写真カードと同様に3，4，5のものが裏返しになっています。同じ数の写真とタイルをめくれば正解です。同様に写真と数字，タイルと数字などに進みます。

　最後には，数字カードを提示して，それに見あうタイルカードや写真カードを子どもが提示できればここの学習は終わります。

　たし算やひき算で使えるような数概念の獲得ですから，いつまでも実物での数学習はしません。すべてはタイルに代表されるのです。

数の学習は99までが一連の学習と考えていますので，ここでは3，4，5がわかればいいのです。また，数の分解については触れません。「5は2と3，1と4」までわかったときに数概念ができたと思うのは，大人の思いこみかもしれないとわたしは思っています。
　〝3〟がわかったら，4，5と進みます。そして最後に1，2を教えます。

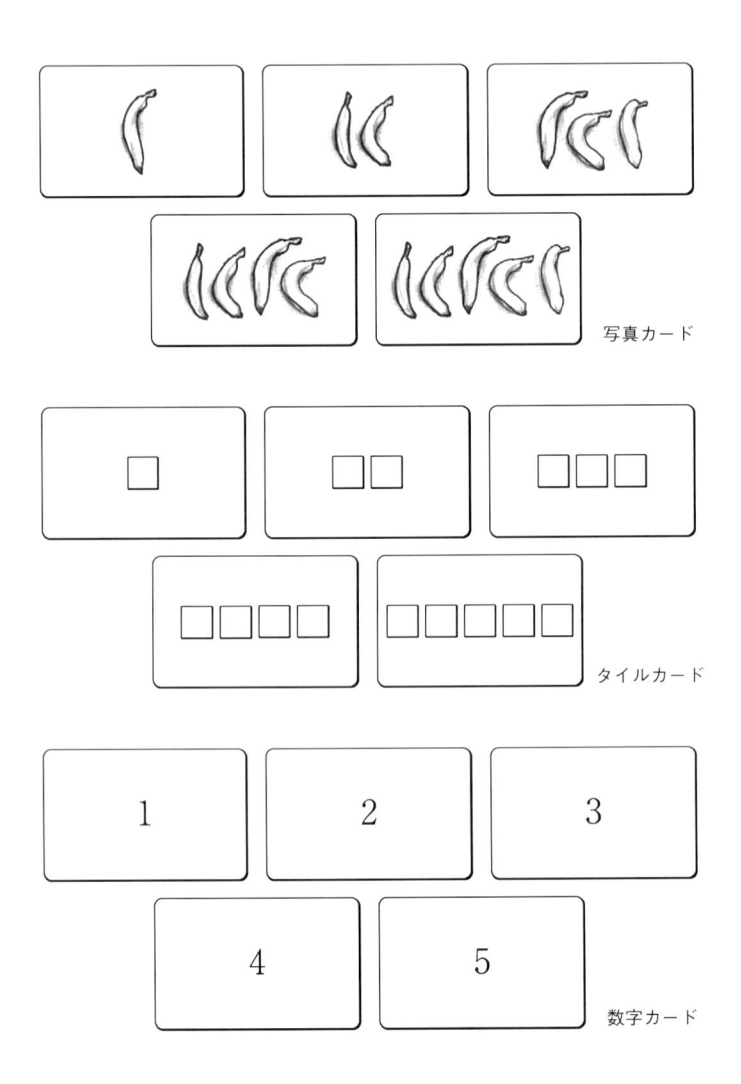

写真カード

タイルカード

数字カード

最後に1～5までの写真カードとタイルカード，数字カードの対応を確認して終わりです。数字のカードを見せて，タイルや写真のカードを出せたら，わかっていることにします。

0という数
　5からタイルを一つずつ減らしていくと，タイルがなくなりました。
　「全部なくなってしまったときは0（れい）」ということを教えます。本来あるはずのものがないときが0（れい）です。
　「0個だして」
と言われたときには，手の中にはなにも入っていないのですが，握って，出す操作（ふり）をさせます。
　0の計算は何もしないことと思われてはあとあと困りますので，必ず〝0〟の操作をさせます。

9までの数の指導——「5といくつ」

　T「手を使ってハチを出してください。」
　　「そうだね。ハチは5本と3本の指で出すよね。」
　　「タイルも指と同じように並べてみましょう。」
というような導入でもいいと思います。まず，「5」といくつになるかの意識を持たせます。両手の指を使って，6，7……と出すと，子どもは自然に「5といくつ」で出しますから，「5‐2進法」の導入に使いました。

5～9の数の数字とタイルの対応
　ここからはバラの5は使わないようにします。

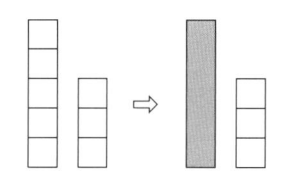

99までの数　49

ここでも，5～9までの数字カードとタイルカードで「神経衰弱」をしました。また，教師が言った数のタイルを置くことやカードを取ることもしました。

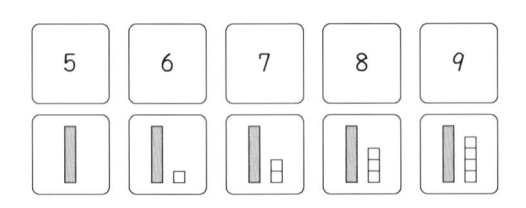

　ところで，「5-2進法」で教えるとして，タイルの置き方もここで決めておきたいものです。わたしは5とバラの横置きタイプですが，縦長の置き方もありますね。これはあとあと繰り上がりの計算のときの操作や補助数字の書き方に大きく関わってきますから，この段階で決めておくべきです。
　わたしは上の図のように，6以上の数のタイルは長くしないで，バラは5の横に並べます。あとあとの筆算に対応したタイルの置き方です。この置き方が筆算で有効になります。99までの数を通してタイルの置き方は変わりません。
　ここでは
　　　　5と1　　5と2　　5と3　　5と4
　　　　1と5　　2と5　　3と5　　4と5
の答えをタイル操作で出す練習です。6～9のタイルは5の缶詰(※)とバラを横に並べることにするので，2と5のように5があとから出てくる場合には，合体した後に5のタイルとバラのタイルの場所を入れ替えます。
（※）　5の缶詰タイル―5個のタイルをガムテープでくるんで中身が見えなくしたもの。
　　　 5の瓶詰タイル―5個のタイルの片面だけをガムテープで貼り，いくつかが見えるようにしたもの。
　前にも述べたように，繰り上がりの計算は「5-2進法」でしますので「6は4と2」のような合成分解は扱いません。
　答えを出すときに，まだ不安で5の缶詰タイルを横からのぞきこんで「1,

2, 3, 4, 5」と数える子もいました。そのときは5まで数えさせてから5のタイルを押さえて,あらためて「5」と言わせてから「6, 7…」と言わせました。数が決まったらやっぱり両手で囲って「ナナ」などと言わせます。

くわしくは「たし算」の章にゆずりますが,この段階で①たし算になる話,②立式(名数をつけて),③タイル操作をしました。ときどき子どもに絵を描かせて,たし算のお話作りもしました。絵が描けないときは○でもなんでもいいのです。○のなかに子どもなりのイメージを表していますから。

多い(少ない)

1〜4までのタイルを並べて,簡単に「多い(少ない)」をしました。一度学習してはいますが,タイルの並べ方で数の量が違うと思われては困ります。確認程度でいいと思います。「1つ取ったらいくつになる?」「1つ増やしたら?」「2つ……」で9までの数の比較をしました。

「〜は○より多い」「〜は○よりいくつ多い」は子どもたちにとって,なかなかわかりにくい概念です。

まず,リンゴやミカンなどのカードを用意し,2種類のカードを並べてどちらが多いかを聞きます。

T「リンゴとミカンではどっちが多いの?」
C「リンゴ」
T「リンゴはいくつ多いかな?」
C「3個」
T「きちんとお話ししてごらん。」
C「リンゴはミカンより3個多い。」

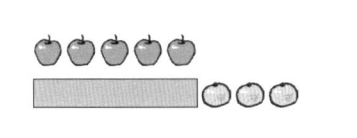

> リンゴは5個あります。ミカンはリンゴより3個多いです。ミカンは何個になりますか。

　T「ミカンとリンゴ，どっちが多いの？」
　C「ミカン」
という問いかけをしながら

　　リンゴは5個あります。ミカンはリンゴより3個 多いです 。ミカンは何個になりますか。

と，「ミカンは」「多いです」の言葉を囲ませ，多いのはミカンであることを確かめました。次にリンゴより何個多いのかを確かめました。問題中の■■■の下に隠れているミカンの数はリンゴの数と同じだから5個。そうすると，ミカンの数は5と3で8。8個になる。

　ミカンのカードを隠すことで，このように考えることができるようになります。いくつかの問題をしていくと，子どもたちは合成（たし算）をすればいいことに気がついていきます。

　「リンゴが3個あります。ミカンはリンゴより2個多いです。ミカンは全部で何個ありますか」という問題も，文章の意味に沿って絵を描いたりタイルを並べたりして理解しました。

　ここでも，絵を描くことや図やタイルに置き換えることは，確実に子どもの理解を深めていきます。

　この学習は，9までのたし算のなかでも扱いました。なお，「少ない」はひき算で扱いました。

99までの数の指導——位取りができるまで

　10台の数を2位数として位置づけるべきだと考えている人でも，「20までの数」という区分のなかで学習している人が多いようです。前にも触れまし

52

たが，10台の数は2位数のなかでも特殊な読み方をする数です。十の位の1を読みません。また，一の位の0も読みません。「イチジュウレイ」とは言わないわけです（100，1000もそうですが）。

ですから，**10は2位数の体系の中の特殊形として扱う必要がある**と考えます。43は十の位の数を読んで「ヨンジュウ」そして一の位の数を読んで「サン」となるので，続けて言うと「ヨンジュウサン」になります。40で一の位の0は読まない約束を教えて「ヨンジュウ」，そのつながりで30，20，10と進んで，10は十の位の数を読まないで「ジュウ」ということを約束とします。そのあとに10台の数の学習をします。

余談ですが，一の位にはいくつまで入れるのでしょうか？　9まででしょうか。9を超えたら十の位に引っ越す約束ですか？　じつは一の位には何個でも，そう一億個でも入れます。それはまだ構造化しないバラの状態のときです。構造化するなかで10個集めて十のタイル1本に結集したときには一の位にはいられません。そのときはじめて十の位に引っ越すのだと思っています。

たくさんのタイルで

では，授業ではどのようなことをしたのか具体的に説明します。

①　200mℓの牛乳パックにタイルを適当に入れておきます。あまりたくさん入れると100個を越えてしまうので，そのへんは本当に適当に。わたしは子どもに自由に入れさせましたが，100個を越えないようには配慮をしました（ここで「5と5で10」をさりげなくしたいので，5の缶詰タイルをいくつか入れておくといいかもしれません）。

> 牛乳パックに入っているタイルは何個でしょうか。

②　机の上にザッとあけさせます。
③　「何個かわかったら教えてください」と，子どもたちなりの方法で数を特定させます。

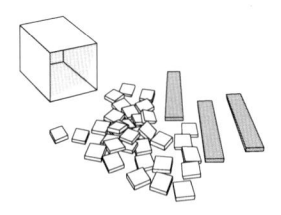

ザッとあけたタイルを数える。

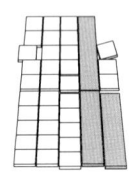

高さをあわせると楽なことに気づく。

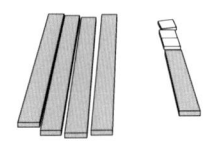

十のタイルを作る。

　たいていは，1から順番に数えて数を特定します。ここで，意地悪にもう一回数えさせたり，「じゃあ確かめるからね」と言って子どもとは違う数を言ってみたりします。すると，子どもは自分の数えた数に自信を失って不安になります。そこで，
　「あとから見てもわかるように，全部数えなくてもわかるようにできないかな？」
と声がけをしてやります。
　すると，わたしの授業のときには，子どもたちはたくさんのバラタイルで，ガムテープを使って〝5の缶詰〟を作りはじめました。これは，5の缶詰のイメージが子どもに定着していたのか，偶然だったのかはわかりませんでしたが，「5と5でジュウのタイル（本のタイル）」を作る作業にスムーズに入ることができました。この作業を子どもの自発的な活動にしたいときには，

①で5の缶詰タイルを2，3個入れておくことが生きてきます。

　10を一つ作って，高さをあわせたものをどんどん作れば楽なことに気づかせていきます。この段階ではまだ位取りまでは入りません。もちろん数字も使いません。「たくさんのタイルがあるときには10のタイルを作る」「10のタイルは1本，2本と数える」ことを約束とします。

　このあと，子どもたちと本のタイル（10のタイル）作りをしました。このなかで，本のタイルはいろいろな作り方ができることを学んでいきました。

　　　　5の缶詰タイル2個で作る
　　　　5の缶詰タイルとバラの5個
　　　　バラタイル10個

で作ることができましたが，10個になったらガムテープでくるんでしまうので，できあがったのは全部同じく**「本」のタイル**とよびました。

位取り表記と三者関係

　三者関係というのは，

$$\begin{array}{c} \text{数字} \\ \swarrow \quad \searrow \\ \text{タイル} \Leftrightarrow \text{数詞} \end{array}$$

の関係がわかるようになることを指します。

　2位数の学習になったら具体物は出しません。具体物では，10ずつが1パックになっているものはタマゴやキャラメルなどいくつかありますが，5-2進になっているものはほとんどありません。操作の観点で見ると具体操作，タイル操作，数の操作（筆算）が一致するものはありません。

　ですから，ここからは「タイル操作」と数の操作である「筆算」を一致させるための学習に入っていきます。

　何度も触れてきましたが「5-2進法」と「10の補数」ではタイル操作が違うということです。子どもはすぐに「5-2進法」の頭になりますから，大人も早く切り替えましょう。わたしは30年以上「5-2進法」で教えているので，逆に「10の補数」は少し考えないと出てきません。

位取り表（十の部屋，一の部屋）を使う

2桁の数の概念づくりです。2桁の数を言われたときに，タイルと数字が一緒にイメージできるのがねらいです。数詞を書くことは子どもたちには苦手なことなので，読めれば（言うことができれば）いいということにしました。

タイルを見て→数字カード，数字を見て→タイルを置いて，いくつなのかを言う学習です。

用意するものは位取り表です。十の位と一の位をそれぞれ部屋に見たてたもので，わたしは厚紙で作りました。タイルと数字カード（1～9を2組と0を1枚用意）をこの上に置いて使います。

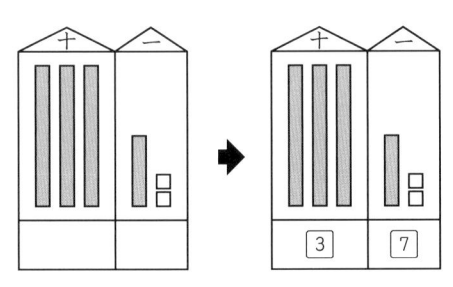

タイルを見て → 数字カードを置く。

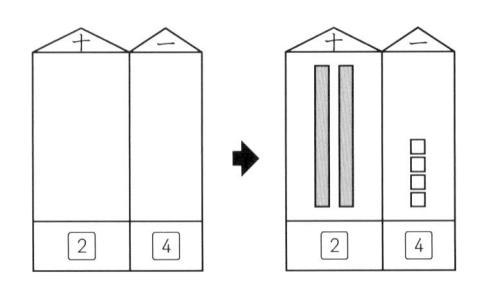

数字を見て → タイルを置く。

この枠とタイル，数字カードを使っていろいろな2位数のタイル，数字，数詞のそれぞれの関係がわかること（三者関係）をしました。

具体物は使いませんが，数を提示するときには，

「○○がサンジュウナナ個」
というように具体的なものの数をイメージさせました。
　あるていどできるようになり，10台の数も読み書きできるようになったところで，次のたし算の学習に進みました。2桁同士の計算のなかで，タイルについてはより習熟していくと考えたからです。
　特別支援学級等で子どもが一人とか二人の場合には，このようにタイルを置きながらの学習ができますが，人数が多いときには巻末添付のプリントをお使いください。

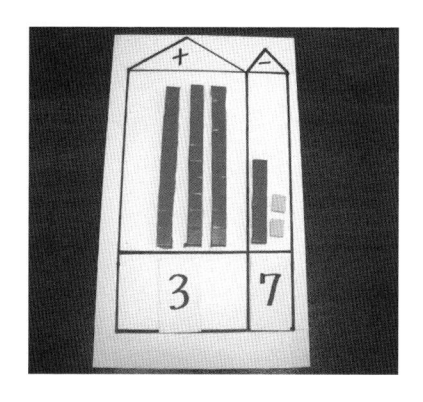

パタパタタイルの作り方

　「パタパタタイル」という名前を初めて聞く方もいると思います。「パタパタタイル」は，ベニヤ板に貼ったタイルをめくって操作できるようにしたものです。いろいろな人が，それぞれの作り方をしているようです。その名前の由来は，タイルを動かすときに「パタパタ」という音がするからのようです。同じく「パタパタタイル」とはいっても，作る人によってものが違ってきます。

　わたしがこれまで見聞きした「パタパタタイル」は，タイルが一つ一つバラの状態で板に貼ってあるものでした。わたしは，このプランの「5-2進法」のたし算に使えるようにいろいろ考えました。まず，「5とバラを横置きにする」「5は缶詰タイルの状態である」「5と5で10になったら繰り上がりをする」，この3点をクリアできるような「パタパタタイル」が必要でした。はじめは，単に底板に2列にタイルを貼ったものでしたが，仙台サークルの仲間に繰り上がりがないとの指摘を受け，スライドさせることを思いつきました。その後何度かの試行錯誤を経て，この本で紹介するような形になりました。

　「パタパタタイル」を使うことのメリットは，準備・片づけと操作が簡単なことです。バラのタイルで操作すると机の上がタイルでいっぱいになってしまいますが，「パタパタタイル」にすることにより，いちいちタイルを出したりしまったりする必要がないので，机上がすっきりします。また，計算の仕組みが視覚的にとらえやすい点が優れていると思います。

　実際に使ってみると，わたしが思った以上の効果がありました。わたしは，子どもの操作用として作りましたが，教師の提示用としても使うことができると思います。また，なかなか説明だけではわからない子どもに，実際に動かしながら説明する方法もあると思います。使い方は皆さんで工

夫してください。

● 操作例

7+6のときの操作を例にします。

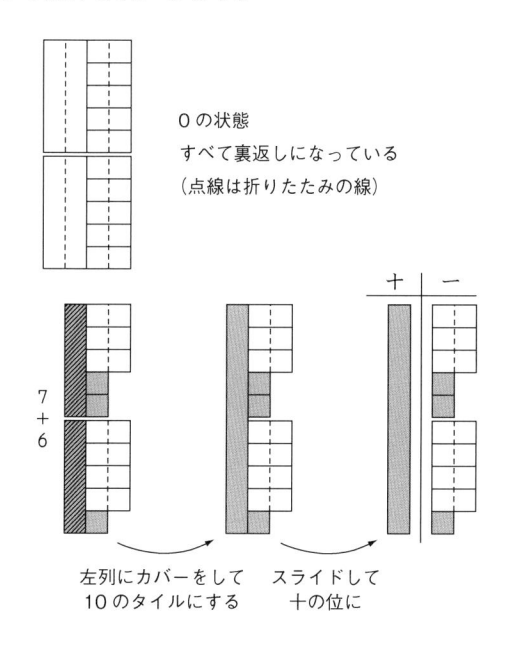

0の状態
すべて裏返しになっている
（点線は折りたたみの線）

7
+
6

左列にカバーをして　スライドして
10のタイルにする　　十の位に

十　一

パタパタタイルの作り方　59

というような使い方になります。「たし算」の章でも操作例を示していきます。そこでは，筆算とよく対応していることがわかると思います。

みなさんも「パタパタタイル」を作ってみませんか。

●材料

〈通信販売で購入するもの〉

(1) タイル（2.5cm角のもの）20個

イナックスの「インテリアモザイクニュアンス」品番 IM25P1/NY6
タイルの専門店「eTile」から注文できます。
　　TEL 0823（21）1705　FAX 0823（22）4556
　　タイルは1シート 12×12（144個）で，1シート 529円。送料は 800円前後です。
　　※　カタログ上では 2.5cm なのですが，実際の大きさは 2.3cm くらいです。

〈ホームセンターなどで用意するもの〉

(2) 底板用ベニヤ板（150 × 360 × 5.5mm）× 1枚

36cmより長くてもかまいませんが，幅は 15cmが 1枚のベニヤから無駄なく切れます。

(3) バルサ材（23 × 250 × 2mm）× 4枚

タイルの上にかけて 5や 10 のかたまりをつくるのに使います。カッターナイフなどで簡単にタイルの大きさに合わせてカットできます。(4)の「溝付き角材」を自作する場合にも使えますので，多めに用意しておくといいでしょう。バルサ材は「工作材料」という商品名で 100円ショップなどでも販売されています。

(4) 溝付き角材（20 × 20 × 140mm，溝幅 6mm）× 2本

スライドする板を挟むものです。5.5mmの板を挟むので，溝は 6mmほどの幅が必要です。2.5cm角の溝付き角材が市販されているので，2cm角になるようにカンナをかけてもらいます（溝の位置は上下中央にならなくても大丈夫です）。そのあと，14cmの長さで 2本カットしてもらいます。

＊溝付き角材が入手できない場合は，板を貼りあわせて作ります。
　A：140×20×5.5㎜の板を4枚，B：140×10×5.5㎜の板を2枚，C：140×10×2㎜の板を2枚と，3種類の板を用意し，ＡＢＣＡの順で重ねて貼りあわせれば，溝付き角材の代わりにできます。

(5)　スライド板（300×25×5.5㎜）×2本
(6)　ストッパー用の板（325×20×5.5㎜）×1枚
(7)　布ガムテープ　茶色（ふつうの荷造り用），赤，黄色の3種類
(8)　塗料
　　黄色のタイルが見やすいように底板に色を塗ります。水性エナメルなどがいいと思います。私は緑色に塗っています。
(9)　木工用ボンド
(10)　カッターナイフ
(11)　定規
(12)　油性マジック

　以下に，1つ分を発注する場合の切断指定図を掲載しますが，何人かで共同して，5～6組分の材料を一度に用意して作ると効率的です。

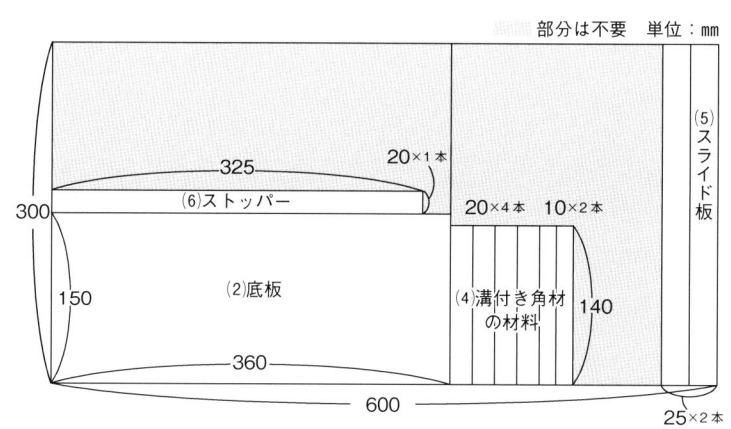

5.5㎜厚のベニヤ板600×300㎜からの切り取り図

●作り方

底板(2)に塗料を塗ります。

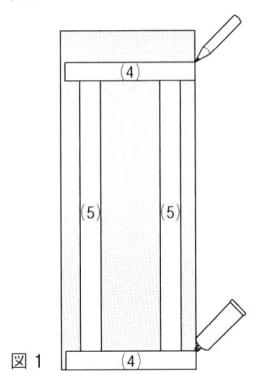

図1

底板に，(4)の溝付き角材をボンドで固定します。まず，下の溝付き角材を右下に合わせて貼ります。つぎにスライド板(5)がスムーズに動く位置に合わせながら，上の溝付き角材が平行になるように場所を決め，鉛筆などで線を引いておきます。スライド板をはずしてから，上の角材を貼ります。

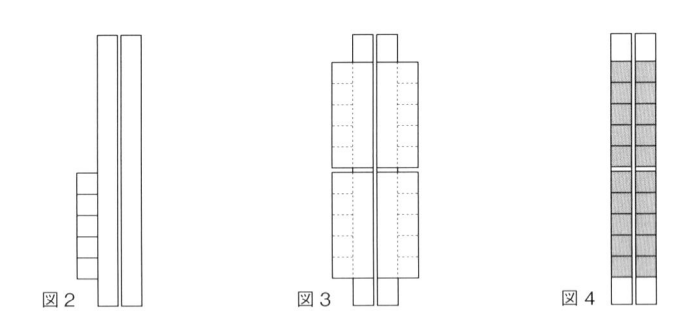

図2　図3　図4

スライド板にタイルを10個ずつ付けます。図2のように，ベニヤ板の左側にタイルを裏返して並べ，荷造り用ガムテープで貼りつけます。同じように左右で5を4つ作ります。できあがりは図3のようになります。そのときに5と5の間をすこしあけた方が見やすくなります。返すと図4のようになります。

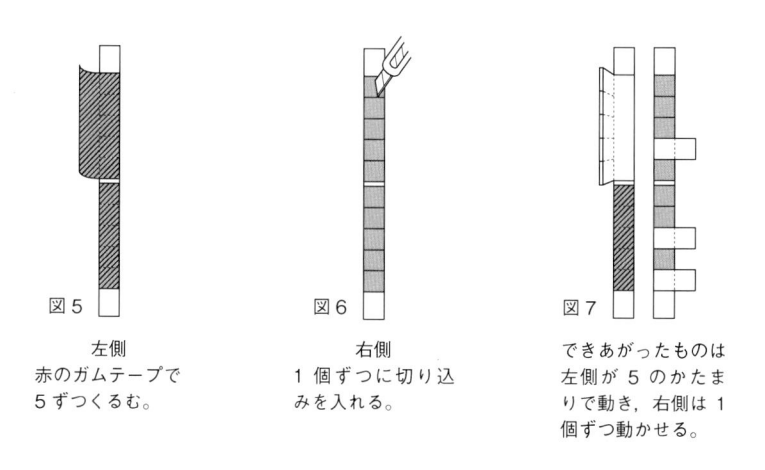

図5
左側
赤のガムテープで
5ずつくるむ。

図6
右側
1個ずつに切り込みを入れる。

図7
できあがったものは左側が5のかたまりで動き、右側は1個ずつ動かせる。

　左側になるタイルは5ずつ赤のガムテープでくるみます。右側は1個ずつカッターで切り込みを入れてバラバラに動かせるようにします。

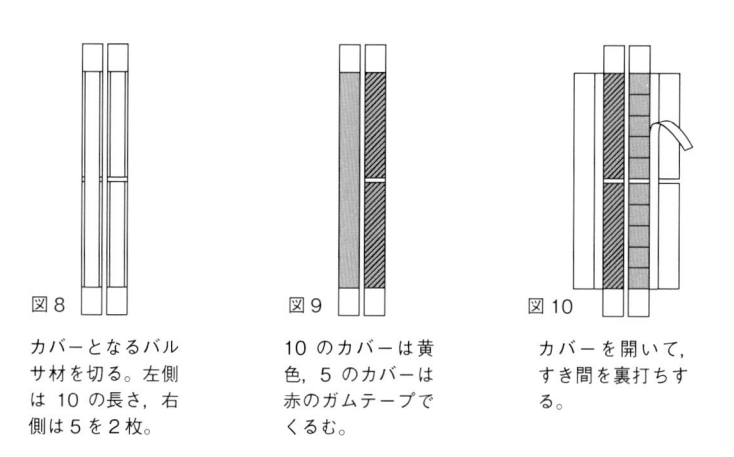

図8
カバーとなるバルサ材を切る。左側は10の長さ、右側は5を2枚。

図9
10のカバーは黄色、5のカバーは赤のガムテープでくるむ。

図10
カバーを開いて、すき間を裏打ちする。

　できあがった5と10にバルサ材のカバーをつけます。左側には「5と5で10」ができるように10の黄色のカバーを、右側は「5のまとまり」ができるように5の赤いカバーをつけます。図8のように5と10の長さに合わせてカバー材を切ります。5は意識しやすいように赤に、10を黄色に

パタパタタイルの作り方　63

しました（タイルも黄色ですが，ガムテープのほうがあざやかで濃い黄色です）。このときに，カバーとタイルがくっつかないように，図10のようにすき間にガムテープで裏打ちします。カバーをガムテープで貼った後に，開くとガムテープのノリ面が見えますので，ここを裏打ちするわけです。

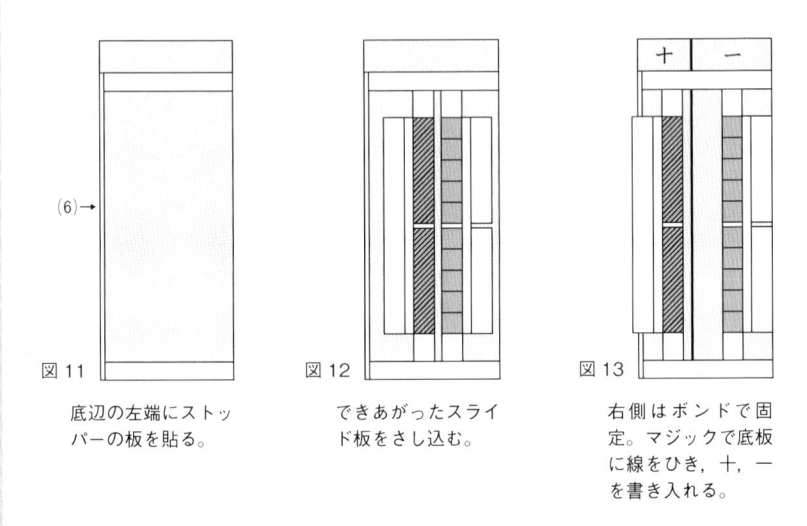

図11
(6)→
底辺の左端にストッパーの板を貼る。

図12
できあがったスライド板をさし込む。

図13
右側はボンドで固定。マジックで底板に線をひき，十，一を書き入れる。

次に，溝付き角材が底板に固定されているのを確認したら，(6)のストッパー板をボンドで貼って左側のふたをします。スライド板は，繰り上がる方を先に，右端から入れます。つぎに右側のバラのタイルがついている方を入れ，こちらはタイルを開いた状態で右端いっぱいになる位置で，動かないようにボンドで固定します。

最後に位取りの線と十の位，一の位をマジックで書き込んでできあがりです。

3章

たし算

4＋4ができれば，
繰り上がりのたし算もできる

計算を型分けする

```
  2      6      7      7     1 2
+ 1    + 2    + 1    + 6    + 2 1

 1 7    2 6    1 7    2 6    2 7
+ 2 1  + 1 2  + 2 6  + 1 7  + 1 6
```

　　　　　　　　　　　上の問題は，仲間として一緒に学習をすることが
　2 ⑤ 7 ₂　　　できます。(左の式のように)「5-2進法」で教え
＋1 ⑤ 6 ₁　　　ると，上の問題はすべて「2＋1」がもとになる計算
　　　　　　　　　　　になりますから，これらを関連づけて学習すること
ができるのです。この「2＋1」の原型となる計算を水道方式では，「2＋2型」
とよんで，**素過程**といいます。「7＋6型」は素過程の「2＋1」と「5＋5」が
一緒になったものなので**複合型**と考えることもあります。

　水道方式では，同じ考え方で計算できるグループを**型**とよんで分けていま
す（**型分け**）。本章ではこの型分けによって学習を構成しています。型分け
に使われる代表的な数は 2, 5, 7 です。

　2は「5」を超えない数の代表であり，7は「5といくつ」で表される数の
代表です。4＋3のように新たに「5」を作るときにだけ3や4が出てきます。
「2＋2型」「7＋6型」「4＋3型」が基本的な型となります。水道方式で学
習すると，どんな計算もこの三つの型でほぼ説明がつきますから，子どもの
負担は少なくなります。他の問題は二つの型が組み合わされた「複合型」や，
変形ともいえる「退化型」「特殊型」と考えることができます。

　この章は以下のようなわたし独自の型分けをします。ここでは1桁で示し
ていますが，十の位，一の位それぞれがその型分けに従います（十の位の繰
り上がりはありません）。

〈繰り上がりのないたし算〉

2＋2型

0+0	0+1	0+2	0+3	0+4
1+0	1+1	1+2	1+3	1+4
2+0	2+1	2+2	2+3	
3+0	3+1	3+2		
4+0	4+1			

4＋3型
（答えが「5といくつ」になる）

			2+4
		3+3	3+4
	4+2	4+3	4+4

5＋2型

5+0	5+1	5+2	5+3	5+4
0+5	1+5	2+5	3+5	4+5

7＋2型（5と「2＋2型」の複合型）

0+6	0+7	0+8	0+9
1+6	1+7	1+8	
2+6	2+7		
3+6			

6+0	7+0	8+0	9+0
6+1	7+1	8+1	
6+2	7+2		
6+3			

たし算 67

〈繰り上がりのあるたし算〉

7＋6型（5・2進法の繰り上がりの典型）

6 ＋6	6 ＋7	6 ＋8	6 ＋9
7 ＋6	7 ＋7	7 ＋8	
8 ＋6	8 ＋7		
9 ＋6			

8＋9型（7＋6型でバラのたし算が5より大きくなる型）

		7 ＋9
	8 ＋8	8 ＋9
9 ＋7	9 ＋8	9 ＋9

7＋5型（7＋6型の片方が5）

6 ＋5	7 ＋5	8 ＋5	9 ＋5
5 ＋6	5 ＋7	5 ＋8	5 ＋9

和が10になるたし算

1 ＋9	2 ＋8	3 ＋7	4 ＋6	5 ＋5
9 ＋1	8 ＋2	7 ＋3	6 ＋4	

7＋4型（片方に5がない型）

7 ＋4	8 ＋3	8 ＋4	9 ＋2	9 ＋3	9 ＋4
4 ＋7	3 ＋8	4 ＋8	2 ＋9	3 ＋9	4 ＋9

それぞれのところでも，すこしは触れるつもりですが，すべての例題を書くことはできませんので，水道方式の型分けに慣れるためにも例題はご自分でも考えながら読み進めてください。

たし算の具体的場面

　前章と重複しますが，たし算の意味について確認をしたいと思います。
　わたしは場面の理解がわかりやすいように，**式に名数をつけ**させています。そうすることによって場面がイメージしやすいですし，たせる量とたせない量がわかってきます。式で表すと

　　　　2個＋3個＝5個

のようになります。
　この式になる場面は，つぎのように，おもに三つ考えられます。このなかのどれを，数概念を獲得しはじめている子どもにたし算の典型としてイメージさせたらいいのでしょうか。

> ①　お父さんがまんじゅうを2個買ってきました。お母さんが3個買ってきました。あわせて何個になるでしょうか。〔合併〕
> ②　キャラメルを2個持っています。今日は3個もらいました。全部で何個になるでしょうか。〔添加〕
> ③　あめを2個，チョコレートを3個もらいました。今日のおやつは全部で何個ですか。〔上位概念で考える〕

　ここはたし算とはどんな計算なのかということの理解ですので，①の〔合併〕と②の〔添加〕を導入に使います。わたしは二つを区別しないで**タイルをあわせて答えを出す計算**を「たし算」としました。③のように，2個，3個，5個の意味の違う問題は〝上位概念〟で考えるというむずかしさがあるので，導入では扱いません。

たし算の学習プラン

No.	指 導 項 目	指 導 内 容
(1)	5までのたし算	・たし算の使われる場面の理解 ・たし算の絵題とお話 ・たし算のタイル操作
(2)	5＋2型のたし算	・5＋2型になるお話とタイル操作 ・いくつ多い
(3)	7＋2型のたし算	6＋1　6＋2　6＋3　7＋1　7＋2　8＋1 （逆問 1＋6, ……も扱う） ・7＋2型になるお話 ・筆算形式に触れる ・縦書き筆算にタイル操作で答えを書く ・縦書き筆算にタイル図を見て答えを書く
(4)	4＋3型のたし算	4＋4　4＋3　4＋2　3＋3（逆問も扱う） ・答えは「5といくつ」 ※本文で述べますが，ここでは「5」を作る学習はとくにとり上げません。
(5)	繰り上がりのない 2位数の筆算	・繰り上がりのない2位数のたし算をする ・22＋22型 ・77＋22型（55＋22を含む）
(6)	27＋26型の筆算	・繰り上がりのあるたし算（バラ＋バラ≦5） ・繰り上がり ・5と5で10 ・タイル操作と筆算 一の位が6＋6　6＋7　6＋8　6＋9　7＋7　7＋8

(7)	38＋49型の筆算	・繰り上がりのあるたし算（バラ＋バラ＞5） ・タイル操作と筆算 一の位が7＋9　8＋8　8＋9　9＋9
(8)	27＋24型の筆算	・バラとバラで「5」を作って繰り上がる 一の位が7＋4　8＋3　8＋4　9＋2　9＋3　9＋4
(9)	27＋23型の筆算	・一の位が0になる計算
(10)	27＋6型の筆算	・2位数＋1位数（退化型） ・1位数＋1位数（繰り上がりあり）
(11)	3位数のたし算	・繰り上がりの確認 ・繰り上がり2回

タイルの合体がたし算

(1) 5までのたし算

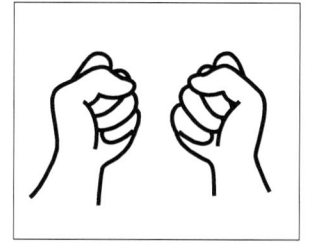

　左の手にはタイルを2個持っています。右の手にはタイルを1個持っています。「ガッチャーン！」（両手を合わせる）タイルは何個でしょう。

　はじめに，右手に2個，左手に1個のせていることを子どもに見せて確認します。そして両手を握って，全部でいくつ持っているかを当てるゲームをします。

　T　「あわせて何個だと思う？」
　C　（頭を動かしたりして，握っているタイルを数えて）「さん！」
　T　（手を開いて）「タイルを見て確かめてみようね」
　　　□□□
　C　「さん！」
　T　「あったりー」

立式はしないで「数当てゲーム」として何度かおこないました。数唱をすることは自由にさせますが，タイルは握る前に見せるだけで，子どもが答えを言うまではタイルは見せません。手のひらにあったタイルを思い浮かべながら答えを出すことをねらいにしています。「**あわせる**」のイメージを持ってもらいたいのです。
　ここは5までの数の合成分解をすることもねらいの一つなので，「2と1で3」「2と3で5」などと言いながらいろいろな組み合わせでおこないます。
　たし算は**タイル**を「**合体**」するのが「**たし算**」とイメージさせました。

〈絵題でたし算を考える〉
　特別支援教育対象の子どもたちだけでなく，1年生の子どもたちも文章を読むことが苦手です。ですから文章に書かれているのがどんな状況なのかを理解するのに時間がかかります。そのために，はじめは絵を使って，たし算の場面を提示しました。

（教師がお話で）
ねこが2匹いました。そこに1匹きました。あわせて何匹になるでしょうか。

- 式で表す
  2ひき＋1ぴき＝3びき
- タイルを使って答えを見つける
  □□←□

「＋」がたし算の約束ということにしました。子どもたちは前年度からたし算を学習してきていたので，そのまま受け入れてくれました。たし算の学習をはじめてする場合には，立式はしないで，タイル操作だけにしてもいいと思います。タイルを絵の上にのせて，絵とタイルを一緒に動かすなどして「あわせる（一緒にする）」ということをします。

　絵題は，言葉ではうまく説明できない子どもたちには有効です。わたしたち教師も子どもに演算の場面を提示するときには，補助手段として絵を使いますから，子どもたちも表現手段として使えると理解が深まります。絵題になれてきたら次に進みます。

〈お話の問題〉

> お父さんがまんじゅうを2個買ってきました。お母さんがまんじゅうを3個買ってきました。あわせて何個買ってきたでしょうか。

●式で表す　　　　　　　　　　●タイルで答えを見つける
　2個＋3個＝5個　　　　　　　□□→←□□□

　同じもの同士でしか，たし算ができないことにも触れるようにします。「お父さんがまんじゅうでお母さんがチョコレートではだめなの？」と聞いたら，たし算にならないと言われました。この段階では同じ量同士でしか，たし算はできないことにしておきます。

　タイルだけを出して
「これは何が2個？」
という質問をしながら一緒に問題文をつくることもしました。教師と子どもで話をしながら，一緒に文章題を考えていきます。この学習を通して，「まんじゅう」と「チョコレート」はおやつとして一緒に考えられるという認識ができるようにしたいものです。そうなれば〝上位概念〟のたし算も問題文として使えるようになります。

　「2＋3」の式では，子どもは具体場面をイメージしにくいです。「2個＋3個」にすることで具体場面をイメージしながらゲームができます。

+0の問題も扱います。このときの操作は，なにも持っていない手を合わせさせます。

(2)　5＋2型のたし算のタイル算

　前の章でも述べたように，6以上の数のタイルは長くしないで，バラは5の横に並べます。筆算に対応したタイルの置き方で，あとあとこの置き方が有効になります。99までの数を通してタイルの置き方は変わらないことは前の章でも述べました。

　ここでは

$$5+1\quad 5+2\quad 5+3\quad 5+4\quad 1+5\quad 2+5\quad 3+5\quad 4+5$$

の答えをタイル操作で出す練習です。6～9のタイルは5の缶詰とバラを横に並べることにするので，2＋5のように5が後から出てくる場合には，合体したあとに5のタイルとバラのタイルの場所を入れ替えます。

　答えを出すときに，やっぱりまだ不安で5の缶詰タイルを横から「1, 2, 3, 4, 5,」と数える子もいました。そのときは5まで数えさせてから5のタイルを押さえて（一息つかせて），あらためて「5」と言わせてから「6, 7……」と言わせました。数が決まったらやっぱり両手で囲って「ナナ」などと言わせます。「5」のタイルを納得するまで待つのではなく，進みながら自然に納得してもらいました。

　くわしくは触れませんが，この段階で①たし算になる話，②立式（名数をつけて），③タイル操作をしました。ときどき子どもに絵を描かせて，たし算のお話作りもしました。絵が描けないときは○でもなんでもいいのです。○のなかに子どもなりのイメージを表していますから。

〈いくつ多い〉

前にもとり上げた「多い（少ない）」をここでも学習します。

> リンゴが5個あります。ミカンはリンゴより3個多いです。ミカンは何個ですか。

ここまでが同じという線と，多い分の3個の絵を加えて，たし算で出せることを確認します。数の学習では数えて出してもかまわなかったのですが，ここでは数えないで数を決定します。見た目は「リンゴの5個」に「ミカンの3個」をたしますので，〝上位概念〟の獲得が必要になります。

タイルから筆算操作へ

(3) 7+2型のたし算（片方が5より大きくて繰り上がりなし）

6+1　6+2　6+3　7+1　7+2　8+1　（逆問も扱う）

> イチゴを7個食べました。お母さんに2個もらってまた食べました。全部で何個食べたのでしょうか。

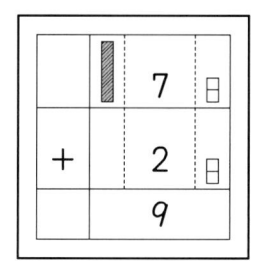

ホワイトボードにマグネットのタイルを置く。

ここのタイル操作は，子ども用の操作板を使って操作させました。操作板は，100円ショップで売っているホワイトボードにマジックで上図のような枠を書いたものを使いました。この上に，図のようにタイルを置かせます。タイルは，両面マグネットシートで1.5cm角を〝1〟にしたものを使いました。

たし算　75

ホワイトボードはいろいろな大きさがありますので，タイルの大きさに合わせたものを選んでください。
　その後，下図のように，タイルの代わりに補助数字を書く練習に入りました。これは紙に印刷したものです。あとあと計算枠として使っていきます(巻末に計算枠のプリントを載せました。また，上の操作板をタイル図のプリントにしたものも巻末にあります)。

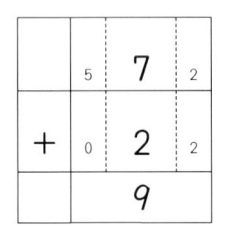

	5	7	2
＋	0	2	2
		9	

プリントに補助数字を
書き込む。

　すぐに補助数字だけで計算するのはむずかしいので，タイルと数字の両方を対応させながら練習させました。ここで初めて縦書きの筆算形式が登場します。しかし，筆算ができるようになることがねらいではなく，タイル操作と補助数字を対応させることの方に重きを置きます。答えはタイルを見て書きます。

(4) 4＋3型の学習 （答えが「5といくつ」になる型）

　通常の「5-2進法」の学習では，5の缶詰タイル作りの学習になるのかもしれません。つまり，「5」で一種の繰り上がりがあると考えるとわかりやすいかもしれません。そう考える場合は，「5の缶詰」タイルを作る学習がここに入ります。
　しかし，ここでは4＋2，4＋3，4＋4，3＋3（逆問も）の答えがわかればいいとしました。
　子どもには，タイルを縦に長く並べたあとに一個ずつ数えて，「5」で息つぎをさせて6，7……と数えさせました。子どもが答えを言ったあとに「5の

タイル」をかぶせて答えを確認しました。

4+3は5と2にする学習が通常の水道方式の方法です。しかし，5といくつにしなければならないのは，(8)の「27＋24型」のときだけです。繰り上がるのに，5がないのでもう一つ5を作るときです。ですから状況によってはこの段階の指導を独立させないで，「27＋24型」のときに一緒にして，退化型の07＋04として学習してもかまわないと思います。

(5) 22＋22, 77＋22型のたし算（2位数で繰り上がりなし）

学校の裏の駐車場に，右がわに車が21台，左がわに車が13台とまっています。あわせて何台とまっているでしょうか。

そのときの職場は教員が約50人いました。校舎の裏が職員駐車場なのでたぶんそれくらいの車がとまっていたと思います。ですから子どもたちは，その場面がイメージできたようでした。

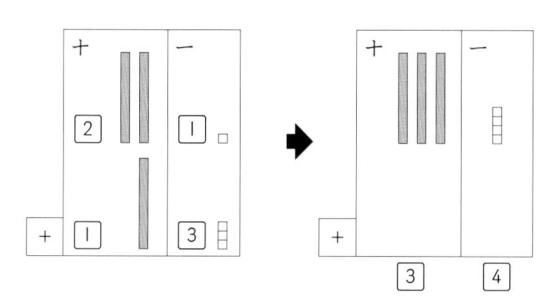

2位数の操作板に数字カードとタイルを置く。
タイル操作をして右のように答えを出す。

例題　　12　　　23　　　31　　　11
　　　＋21　　＋22　　＋24　　＋34

ここは，タイルを動かして答えを見つけることにしました。子どもたちがバラのタイルと本のタイルを区別して操作をする約束にしました。タイル操作は，位ごとにあわせることの確認です。ここで扱う問題は，一の位と十の

たし算　77

位で同じ型の計算を同時にしますが，答えは5までの数になります。

　前にも述べたように，1桁の計算練習をたくさん出されるよりも，2桁の問題なので子どもの意欲が違います。初めて位取り板にタイルを並べる場面なのですが，99までの数でも「個のタイル」と「本のタイル」を並べることはしていたので，子どもたちは位取り板を見せたら，混乱することなく位取りをして，並べることができました。「99までの数」の学習が生きていました。

　「99までの数」を先にとり上げたのは，ここでまた位取りの学習をやり直したくなかったからなのです。ここは筆算中心に教えたいので，ほかの要素を入れたくありません。

　「22＋22型」の考え方の延長で解ける，77＋22型もここでとり上げました。50より大きな数のたし算のときには，「50のタイル（十のタイル5本分）と○本」としてタイル操作をさせました。一の位のタイルは「5といくつ」でとらえることができるようになってきていますが，十の位に本のタイルがたくさんあると，ついつい数えるようです。十の位も「5といくつ」にすると「バラ同士をたして5といくつでとらえる」という考え方が十の位でもできるようになります。

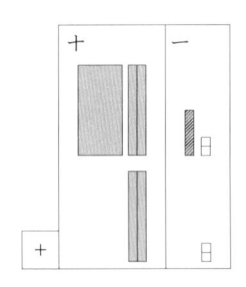

　1位数では5＋2を別にとり上げましたが，「55＋22型」もここで一緒に学習しました。

繰り上がりのあるたし算——パタパタタイルを使って

　水道方式では，繰り上がりのある計算で両方の数が5より大きい数の組み合わせを「7+6型」といいます。一方が5のときには「7+5型」ということもあります。わたしは両者を一緒に扱いました。「7+5型」は「7+6型」の特殊形という扱いです。前の型と同じで，一の位の計算と十の位の計算は同じ型の練習をします。

　「7+6型」を2位数のなかで扱うことにしたのは，1位数での7+6型の計算する場合には繰り上がった十の位の1はそのまま答えのところに書いてしまっても何の問題もありません。しかし，繰り上がったという意識が薄いです。1繰り上がったから十の位の計算に1たすということを別に指導しなければならなくなります。

　また，27＋26のときに，一の位の計算の答えをそのまま13と書いてしまうので，十の位の答えの4のいき場所がなくなって413になる子どもが出てくることがあります。

　小さな補助数字を書くことが苦手なリョウ君は，右図のようにはじめに大きく13と書いて，十の位の答えを1の下に

```
   2 7
 + 2 6
 ─────
   1 3
   4
 ─────
   5 3
```

書きました。わたしにとっても新しい発見なので，そのまま右図のような計算様式でさせることにしたところ，ぐんぐんできるようになりました。答えの位の確認もできますし，導入の一方法かもしれません。

---

(6)　**27＋26型の筆算**（繰り上がりで，バラ＋バラ≦5）

　ここからはタイル操作と筆算を対応させるので，自作教具の「繰り上がり機能付きパタパタタイル」で繰り上がりの操作をし，本のタイルは普通のタイルをその時々で使うようにしました。ここでの本のタイルは1.5cmを〝1〟にしたもので，パタパタタイルより小さいタイプのものです。上段に27，下段に26のタイルが並ぶので，子どもたちは違和感なく使っていました。

たし算　79

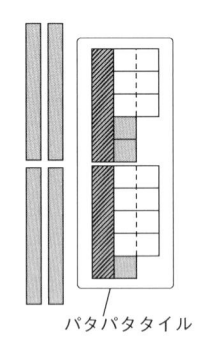

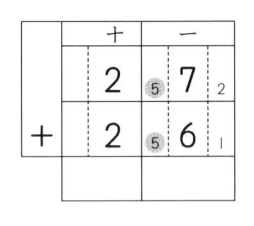

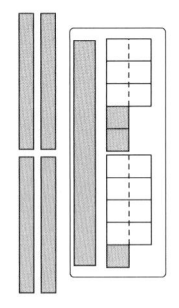

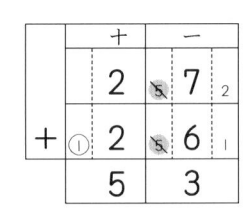

5と5で10になるので,繰り上がった1を①として十の位の左側に書く(手で隠れないように)。
　一の位は2+1=3
　十の位は2+2=4に繰り上がってきた1をたして5

　ということで,一の位はパタパタタイルを操作しながら,筆算のアルゴリズム(手順)を確認していきます。十の位は普通のタイルで確認しました。はじめはタイルを操作しながら,アルゴリズムを声に出して,数字を書いていきます。そのあと,数字だけで
　「一の位は5と5でジュウ,1繰り上がって,2+1は3」
　「十の位は2+2の4に繰り上がった1をたして5」
と言いながら数字を書いていきます。

(7) 38＋49型の筆算（繰り上がりで，バラ＋バラ＞5）

　ここではさらに，バラの計算が5までと6以上に分けました。6より大きくなるのは「4＋3型」ともいいますが，本来は5を作る操作が入るところです。(4)のところで，4問だけなので答えが言えればいい，としたものを繰り上がりのなかで使う場面です。

　通常の水道方式ではこの型は独立していませんが，わたしは「27＋26型」から独立させました。バラ同士の計算が「4＋3型」で6を越えるからです。同時に十の位でも「4＋3型」をします。

　前に「4＋3型」の計算のところで，答えがわかればいいので「5といくつ」にすることは深く学習をしないと述べました。4＋3＝7がわかればいいことにしました。というのも

$$4+3=(4+1)+(3-1)=5+2=7$$

という，5を作る操作をここでしておくと次の「7＋4型」の布石にはなるとは思いますが，子どもたちにとって，5を作る必然性はありません。子どもたちは覚える必然性があるときには覚えるものだと思っています。ですから，ここも「5」のタイルをかぶせて確認するていどの操作にとどめました。

　具体的な進め方については述べませんが，「4＋3」のやり方を参考にしてください。

(8) 27＋24型の筆算（バラで5を作って繰り上がる）

　いよいよ一の位の片方が5より小さいものです。子どもたちに
「片方に5がないけどどうすればいい？」
と問いかけました。すると
「もう一つ5を作ればいい」
ということになりました。

　操作はパタパタタイルを使いますので，一の位のバラ同士の中から5の缶詰タイルを作ることになります。

　一の位のタイル操作と筆算をとり上げて説明します。

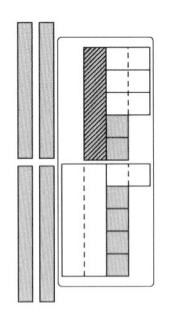

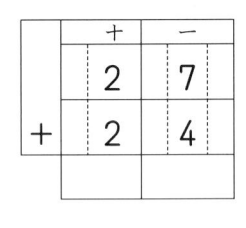

ここでは，一の位をとり上げて説明します。

⇩

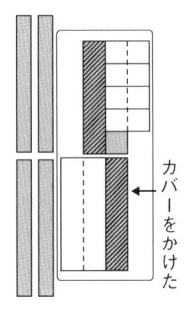

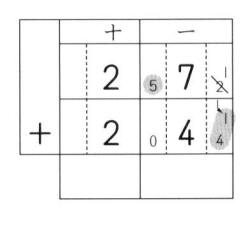

バラの4に2から1をたして新たに5をもう一つ作ると5が斜めに二つできる。

または

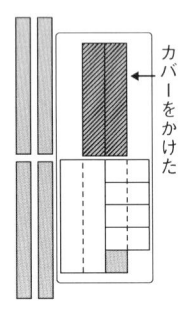

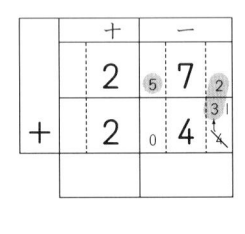

バラの2に4から3をたして新たに5をもう一つ作ると5が両側に二つできる。

(4)の4+3型の計算では，答えが出せればいい，としていました。ここでは「5の缶詰といくつ」にします。上のようにパタパタタイルには右側に5のカバーが付いていますので，5を作ることにはすぐに気がつきます。
　作り方は二通りになりました。子どもに選ばせました。数字の両側に5が2つくると見やすいと考えたのか，最後には両側に5が2つできる形に落ち着きました。
　さて，この計算は10の補数で計算した方がいいと思っていますか？　片方で2と4から5を作るということは，7に3を持っていって10にするのと同じことをしています。「5-2進法」だと，そのときに5の補数だけ考えればいいのです。子どもの数処理負担がグンと減るのです。何度も書きますがいわゆる「10の補数」方式も「5-2進法」も10を作ることには変わりありません。
　わたしたちもそうですが，7+6=13がスッと出るようになると，その過程は問題にならなくなります。ですから，わたしは7+6=13に行きやすい方法として「5-2進法」を選んだのです。

(9) 27+23型の筆算（一の位が0になる）

　この型は，一の位の答えが0になる問題です。これまでの学習で，できるようになっているはずですが確かめておきましょう。(8)の「27+24型」で一緒に扱ってもかまわないとは思うのですが，型を分けてみました。3位数のたし算にもつながりますので0を大切にしましょう。
　これで2位数＋2位数の指導はいちおう終わりです。普通学級のような，タイル図などの図に書いて繰り上がりを考えるという学習活動はとり入れませんでした。パタパタタイルの操作で答えを出し，操作の結果が答えになることで学習を進めてきました。タイル図に書かせることが大事だと思っている方もいるでしょうが，わたしは頭の中でタイルが動くようになってほしい（操作の内面化 –P.117参照）ので，タイル操作を重視しました。実物タイルの操作がある程度できるようになったら，パタパタタイルを使いながら補助数字を書いて，答えが出せればいいわけです。

わたしは，暗算は3位数のたし算までにできればいいと思っていましたので，暗算までは要求しませんでした。暗算をさせたいときは，こんなやり方を経由してはどうでしょうか。

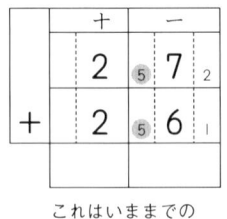

	＋	－
	2 ⑤7	2
＋	2 ⑤6	1

これはいままでの
方法です。

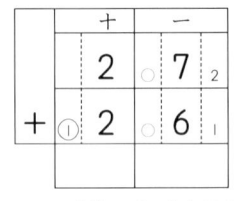

	＋	－
	2 ○7	2
＋	①2 6	1

5を書いていたところを
○で代用します。

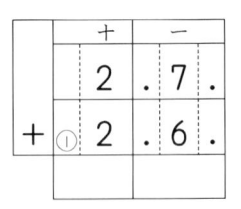

	＋	－
	2 . 7 .	
＋	①2 . 6 .	

鉛筆で・を打ちながら，
計算手順を唱えます。

　⑽　27＋6型の筆算（退化型）

　2位数＋1位数の型です。2年生の教科書だと，はじめに出てくるような問題です。2位数＋2位数で分類すると，水道方式でいう**退化型**（あるべき位の数が0）ということになります。この問題は27＋6を27＋06と考えるわけです。
　また，「07＋06型」もします。これは数問扱って終わりです。
　7＋6のような1桁＋1桁の問題は，通常のプランだと繰り上がりの学習の最初に扱いますが，このプランでは最後に現れます。この点がこれまでのやり方と大きく違うところです。「99までの数」の学習を先行しておこなうことによって可能になります。

　これで1桁＋1桁を含む2位数までのたし算約5500問ができるようになったはずです。全問を授業ですることはできないですが，型分けをして学習を進めることで，子どもたちが自分で分類し，アルゴリズムを見つけることができるようになります。
　この筆算練習にはパソコンソフトの「筆算プリント万能作成機 For 足し算・引き算（整数編）」を使いました。数値はこちらであるていど指定できますので，必要な型の問題をアトランダムに作ってくれます。「プリント万

能作成機」を使うまでは『ゆっくり学ぶ子のための算数ドリルA』(同成社)などの市販プリントのコピーで計算練習をさせてきましたが，1回の練習ではできるようにはなりません。1回でできないときは問題を自作する必要がありました。このソフトは，教師の負担も減らしてくれました。また，次におこなうひき算の筆算プリントも作ることができます（この章の最後にくわしく紹介します）。

また，上のドリル集は残念ながら「5-2進法」ではありませんでした。

3位数ができれば仕上がり

(11) 3位数のたし算

3位数のたし算は，2位数のたしひき算ができるようになってから指導しました。この本では，たし算の縦の流れがわかるように，別章にはしないで，ここで述べることにします。次章にも同じように3位数のひき算が述べられています。

ただし，3位数のたし算まで指導するかどうかについては，子どもの学年，残りの担任年数などを考えて総合的に判断することをお勧めします。かけ算，わり算では3位数の筆算は使わないので，扱わなくてもかまわないと思います。

3位数のたし算の例をみてみましょう。

① 256	② 248	③ 376	④ 378	⑤ 357
+743	+537	+182	+296	+248

①〜③は2位数までの計算の力で解ける問題です。2位数の問題と1位数の問題の複合型と考えればいいわけです。百の位または一の位を隠して計算したあとに，隠してあったところの計算をすれば答えが出せます。ですから，2位数のたし算があるていど確実にできるようになったら，3位数のたし算の学習に入りました。たし算の計算の仕上がりは，3位数の計算でできればいいと考えていました。

④は繰り上がりが2回ある問題です。アヤカさんとミサキさんはなぜか暗算が苦手なので、少し時間がかかりました。しかし、繰り上がってくる数はいつも〝1〟なので、それがわかるとスムーズにいきました。

　⑤は十の位は見た目では繰り上がりがないのですが、一の位から繰り上がってくるために十の位でも繰り上がりになってしまう型です。答えの十の位が0になる問題です。こちらの方はそんなに時間はかかりませんでした。

　3位数の計算は下のような計算枠を用意して学習を進めました（計算枠は巻末にあります）。繰り上がった数を書くスペースを用意したのです。繰り上がった数を左側に書いたのは、鉛筆で隠れないようにと思ってのことです。

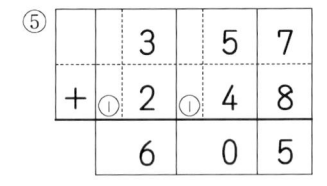

④		3	7	8
+	① 2	① 9	6
		6	7	4

⑤		3	5	7
+	① 2	① 4	8
		6	0	5

　ここでも筆算練習は、「プリント万能作成機」を使いました。多くの問題を解けるようになってほしいのですが、問題を解く速さよりも、まずは確実に解けるようになることを第一にしました。

　　　　　　　＊　　　　＊　　　　＊

　この実践を通して感じたことは、子どもが無理なく学習を進めることができたということです。言い過ぎかもしれませんが、**最小の努力で最大の効果**を得ることができました。これこそ水道方式の理念です。また、大きい数で問題を作ることができるので、明らかに「世界が広がった」と感じさせられました。

　わたしは、子どもたちに計算が速くできる力をつけようと思ったのではありません。数の構造（仕組み）がわかり、必要があれば自分でも計算ができるという自信をつけさせたかったのです。実際に、答え合わせには計算機を使わせましたし、速く答えを出すときには計算機を使わせたこともありました。

ここまで読んで,「順序数」はいつ扱うのかという疑問を持った方もいらっしゃると思います。数の学習に二通りの意味を持ち込むことは混乱を招きます。とくに順序数は数えて何番目という表し方なので,「数えていくつ」につながりかねません。また,順序数は空間の位置の理解も必要です。数え始めるところ,数え終わるところは,今いるところとは違う場所になることが多いです。たとえば,右から6番目と左から4番目が同じ位置を表すことがある,ということが理解されないとわからない数です。同じ数を使っていますが,じつは**空間の位置を表すときに使う数**だとわたしは思います。ですから,「上下」「左右」「前後」といった空間概念の学習が必要になります。ですから,この「数と量」の学習プランでは,順序数は扱いませんでした。

「筆算プリント万能作成機 For 足し算・引き算（整数編）」について

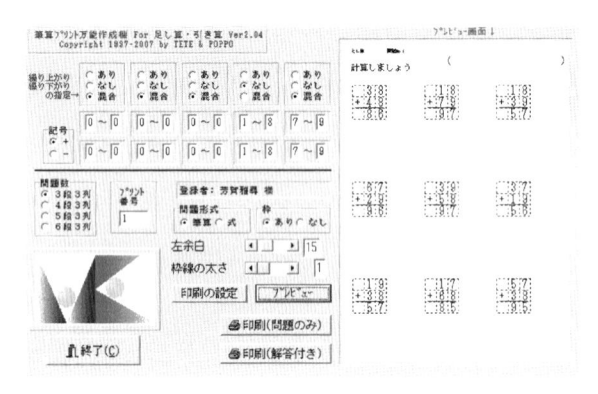

　この作成機は加藤加代子さんが考案したものです。わたしは，たまたまインターネット上で見つけました。使いながら要望を出して，狭かった枠を正方形に直していただいたり，細かな型分けができるようにしていただいたりして，重宝して使わせていただきました。

　起動すると上のような画面が出ますので，数の範囲を設定すると自分の希望する型の問題が作成できます。また，解答付きと問題のみの両方の印刷ができるようにもなっていて，子どもが自分で正誤を確かめることにも使えます。1枚にプリントする問題の数も選ぶことができます。

　この作成機はシェアウエア（1575円）になっています。しかし，市販のプリント集を買うよりは，はるかに使いでがあります。このソフトで，たし算とひき算のプリントができるのも魅力です。問題を作りながら教師自身にたし算やひき算の仕組みが見えてくるということもあります。

　わたしは，プリントした問題を計算枠に書き写して計算をさせました。子どもによっては，枠が小さいので補助数字を書くスペースがないからです。慣れてきて，小さく補助数字が書けるようになったら直接書くようになりました。

　余談になりますが，アヤカさんは鉛筆を削らなくて小さい字を書くのが苦手でした。しかし，このプリントを使うようになって，直接答えを書くために鉛筆の芯をとがらせて，小さい数字が書けるようになりました。

　入手方法はネット上で「筆算プリント万能作成機」で検索すると出ます。

4章

ひき算

繰り下がりも,
4＋4ができれば計算できる

ひき算はイメージをつくりにくい計算

　ひき算は子どもたちにはとてもむずかしい計算です。たし算のところで絵題のことを書きました。たし算は一枚の絵のなかに場面を描くことができました。しかし，ひき算は絵に描こうとすると三つの場面が必要になります。
　「はじめの場面」→「なくなる（ひく）場面」→「最後（残り）の場面」の三枚です。最後の場面のときには，はじめにあった数も，ひいている場面も見えなくなっています。ひき算には時制（現在，過去，未来）があるのです。この時間の流れを子どもが頭に描けないと，ひき算の世界はわかりづらいのです。
　ひき算の学習になると，思い出すことがあります。わたしは図工が苦手で版画指導ができませんでした。そこで図工が得意な人に教えてもらいに行きました。その人に「紙版画はたし算だから子どもはイメージしながら作っていくことができる。彫刻刀の版画はひき算だから仕上がりは子どもにはイメージがむずかしい」と言われました。とくに，特別支援教育対象の子どもたちには彫って仕上げる版画はむずかしいらしいです。
　さて，ひき算の学習ですが，たし算のときと同じで，ここでも「2位数－2位数」のなかで繰り下がりをふくめて，筆算を指導することにしました。基本的な考え方はたし算のときと同じで，意味を理解する学習，操作で答えを出す学習をおこなってから「2位数－2位数」のなかで筆算を考えた方が，子どもたちには計算の仕組みがわかりやすいからです。

ひき算の具体的場面

　どんな場面でひき算が使われるのか，すこし見てみましょう。たし算と同様に，おもに3種類があります。

① チョコレートが5個ありました。3個食べました。何個残っているでしょうか。〔求残〕
② 子どもが5人遊んでいます。そのうち男の子が3人です。女の子は何人ですか。〔下位概念で考える〕
③ いすは5個あります。3人が座りました。いすは何個あまるでしょうか。〔求差〕

などが考えられます。すべて5−3＝2になります。

①は残りの数を出す計算なので求残といわれます。

②はたし算のときにチョコレートとあめをお菓子と考えて，上位概念でたしました。今度は上位概念を下位概念に戻して考えます。補集合とか求補といわれる問題です。

③は2つの集合の差を求める求差といわれる問題です。

たし算のときと同じように，ひき算の場面を決めるのは操作です。その意味で，①のように全体から一部を取り，残ったのが答えとなる〔求残〕がいいと思います。ひき算の操作のイメージは「取る」です。②の〔下位概念で考える〕は「男の子」「女の子」の置き換えをするなどの高度な思考を必要とするので導入の学習には適しません。

また，③の求差は「いす」と「人」の，まったく違うもの同士の置き換えになりますから，子どもにとってはとてもむずかしいひき算です。わたしは3位数のひき算が終わってから，違うひき算として学習しました。ですので，本章では触れないことにします。

場面の理解とタイル操作

①の〔求残〕の場面をタイル操作につなげると，図のようになります。「取る」という動きがひき算を表します。食べた2個も残った3個も，はじめにあったチョコレートのうちの数ですから，〝−2〟で取り去るイメージをはっきりさせないと，子どもは混乱することになります。

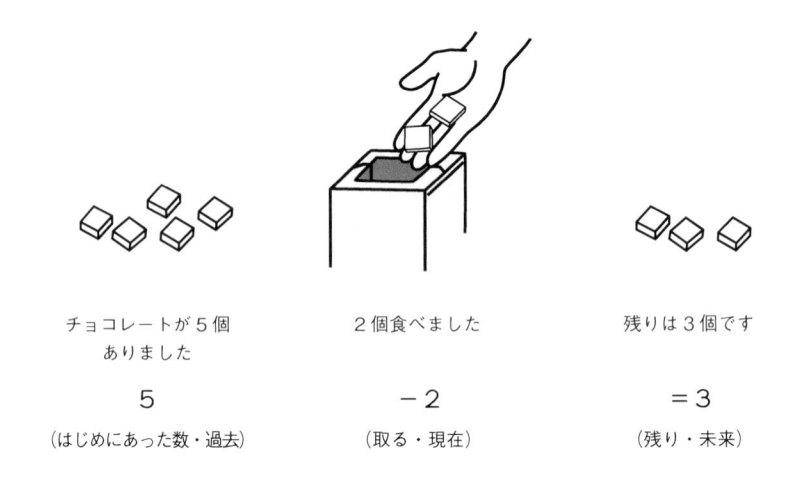

チョコレートが5個	2個食べました	残りは3個です
ありました		
5	－2	＝3
（はじめにあった数・過去）	（取る・現在）	（残り・未来）

　ひき算の操作は，もちろんお話をしながらです。
　「ミカンが5個ありました。2個食べました。3個残りました。」
のようになります。はじめから「残りはいくつになりますか？」という聞き方はしません。何回かこのようにお話と操作をして，たし算のときとは違うことをしていることをわかってもらいます。
　そのうえで，
　「ミカンが5個あります。2個食べたら何個残るでしょう」
と予想を立てさせてから操作で確かめます。このとき
　「残りを出す計算をひき算といいます。」
　「ひき算のしるしは － です。」
という説明をします。
　導入のときには具体物なども使って，たし算のときと物の動きがどう違うかをわかってもらうことにしています。

繰り下がりの計算方法の種類

　たし算と同じように，繰り下がりの指導をどうするかの方針を立てることにします。いくつかの方法を紹介しますので，そこから，自分の指導しやす

い方法を考えてください。もちろんこのほかにも方法はあると思います。
　繰り下がりは「10の補数」の指導であれ、「5-2進法(2)」であれ、10-○ができなければなりません。
　以下の方法を54-18の例で説明します。

(ア)　10の補数（減加法）

　これはいちばん知られている方法です。十の位から1繰り下げて、一の位で10にして、そこからひく数の8を取ります。10-8=2で、その2をもともとあった4にたして答えを出す方法です。

$$10-8=2（減），2+4=6（加）$$

となります。
　10の補数を使うのですから、-9、-8……と、ひく数を大きな数からはじめてだんだん小さくしていった方が指導しやすいと思います。

(イ)　5-2進法(1)（5の缶詰2個で繰り下がる）

　これぞ「5-2進法」のひき算という定番はないようですが、ひとつは「両手取り」といわれる方法です。54-18の場合、十の位から1繰り下げて一の位で「5と5」にします（タイルは両方5の缶詰）。ひく方の8も「5と3」と考えます。8の5は5の缶詰からひきますから5の缶詰が1個残ります。3は4からひきます。ですから

$$4-3=1$$

となります。繰り下がったときの5の缶詰が1つ残っていますので、答えは

$$5+1=6$$

になります。そして、十の位は4-1=3となり、答えが36になります。
　この方法の指導順は、ひく数が「5といくつ」でひける型が初めになります。また、答えが「5といくつ」になるのが基本形になります。ですから、72-28のように5の缶詰を瓶詰に変換(**5の繰り下がり**とわたしは言っています)にしてから取るような型が最後になります。

ひき算　93

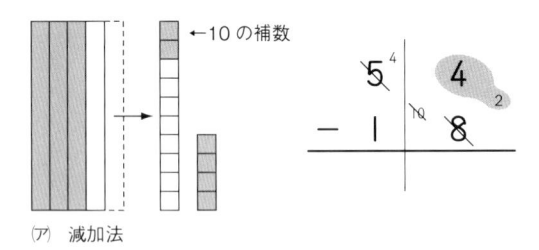

(ア) 減加法

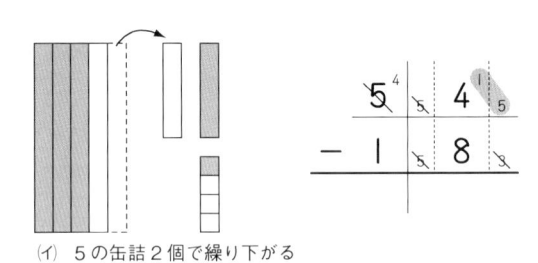

(イ) 5の缶詰2個で繰り下がる

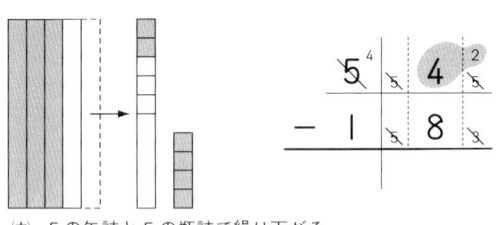

(ウ) 5の缶詰と5の瓶詰で繰り下がる

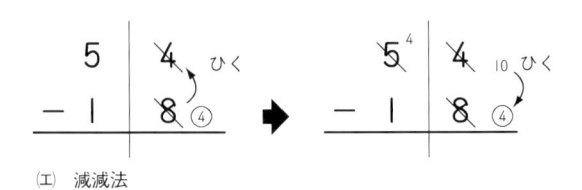

(エ) 減減法

(ウ)　5-2進法(2)（5の缶詰と5の瓶詰で繰り下がる）

　この方法は(ア)と(イ)を組み合わせたようなやり方です。十の位から繰り下がるときには，5の缶詰と5の瓶詰の組み合わせで繰り下がります。ひく数の「5と3」は繰り下がってできた「5と5」からひきます。

　　　　「5と5」から「5と3」をひいて，残りは2。2+4で答えは6
になります。

　この方法は，パタパタタイルでいうと，左側に5の缶詰と5の瓶詰のタイルが縦に並ぶように繰り下がることになります。そのときに上の「5」に切れ目を入れてバラの5にします（P.111の図）。10の補数に近い考え方ですが，あくまで「5といくつ」で数をとらえさせます。わたしはこの方法を「変形5・2進法」とも言っています。

　この方法では，ひく数が5より大きい数の型を初めに提示します。12-4のように5のない型が最後になります。12-4のときには，4を5の瓶詰からひいた後にたす数が「5と1と2」の3個になります。いっけん3口のたし算のようにも見えますが，繰り下がった10（5と5）からひきますので，「『5と1』と2」ではなく「6と2」と見るようにします。

　この方法で指導しようとも思ったのですが，ひいた後に「4+3型」のたし算が残ることが多いので悩みました。

(エ)　減減法

　この方法は，タイル操作のときには出てきませんが，筆算で答えを探す学習をすると，子どもたちが発見することがあります。

　　　　　8-4=4（減），10-4=6（減）

　図に書いて表すことはできません。そもそもひく数8は，これから取るタイルの数を表しているので，はじめからタイルがあるわけではありません。それなのに，8のうちの4は，54の一の位の4から取ります。まだ4たりません。その4は十の位の1を繰り下げた10から取ります。

　これは下から上の数をひくことにつながりますのでお勧めできません。繰り下がりの素過程45問のなかで答えが5になる問題だけができて，ほかは間違えているお子さんは，この方法をしている可能性があります。14-8の

ように，上からひけないときは下から上をひいて8－4＝4で，そのあと10－4を忘れて，答えが4としてしまうことが多いです。

　ところで余談になりますが，十の位から一の位に持っていくときには
　「十の位から1借りてきて……」
と言いますか？　借りてきたらあとで返さないといけませんよね。わたしは
　「十の位から1持ってきて……」
と言っています。

　このプランでは，ひき算も
　　　　２位数－２位数のなかで筆算を教える
という前提で話を進めていきます。14－8のような繰り下がりの素過程問題は45問あります。しかし，ここで繰り下がりの部分だけを取り出して教えると，十の位から1繰り下げるときは，十の位が1少なくなるという意識が弱く，ただ1を消すだけということに受けとられがちです。2位数－2位数のときに，十の位を1少なくすることを再度教えなければなりません。また，43－7のような，2位数－1位数で繰り下がりありも別の型として教えることにもなります。

　2位数－2位数のなかで教えることによって，子どもたちは計算の一般的な約束のなかでひき算の全体像をつかんでいくことになります。

　ここから述べる方法は，わたしと子どもたちが学習したことです。子どもたちは，「5と5」で繰り上がったので，繰り下がりのときには何も言わなくても10を「5と5」にしました。そして，5はなるべく崩さないでバラはもともとあったバラから取りました。

　一番いい方法とはいえないかもしれませんが，わたしは子どもたちの選んだ方法で指導の計画を立てることにしました。このプランを参考にして，自分と子どもたちが納得する方法を探ってください。原則さえあっていれば，その教室のやり方が子どもたちにとっての学習のルールになります。

　話は少しそれますが，わたしも初めの何年間はいろいろな方の実践から学び，模倣もしました。いま考えると，わたし自身に教材の全体像がイメージ

できていなかったのだと思います。ですから途中で説明が変わったりして，子どもたちに迷惑をかけてしまいました。**大きな原則のなかで学習を進めていくと，それをもとに子どもたちは工夫をしたり，飛躍をしたりするものです。**そこで子どもたちは「賢くなる」のだと思います。

ひき算の学習プラン

はじめに，前に述べた(ア)〜(ウ)の方法ではひき算の指導順序が違いますから，自分なりのやり方で指導過程を構成してください。2位数－2位数の問題の全体像が見えてくると思います。

わたしは，繰り下がりの方法は子どもたちに選ばせました。(7)の74－28型では(イ)の方法をためらわずに選びました。順調に進んでいたのですが，(8)の72－28型になったときに子どもたちはストップしてしまいました。試行錯誤をして(ウ)の方法になり，結局すべては10の補数で考えると説明できると納得しました。この時点で子どもたちは，これまでの学習を自分なりに整理したのだと思います。

繰り下がりの計算は「10－○」ができれば，あとは一桁のたし算ですから，**じつは繰り下がりのひき算も4＋4までができれば計算できるのです。**ひき算で一番むずかしいのは，5の分解が出てくる「7－4型」になります。

※数は「5といくつ」でとらえさせていますから，特別な場合以外は7に代表させています。下の表では「5といくつ」でない数は4や2に代表させています。

No.	指　導　項　目	指　導　内　容
(1)	ひき算の意味と操作 5までのひき算	・具体操作からタイルへ ・5までのひき算をタイル操作で答えを出す ・ひき算の式表示
(2)	7－2型	・タイル操作で答えを出す
(3)	7－5型	・タイル操作で答えを出す
(4)	7－6型	・タイル操作で答えを出す

(5)	7−4型	・5の缶詰タイルを瓶詰タイルにして操作で答えを出す
(6)	筆算の指導 　繰り下がりのない 　2位数の筆算	77−22型，77−26型，77−66型 77−24型，77−44型，77−20型
(7)	繰り下がりのある 2位数の筆算1	・繰り下がりの意味 74−28型
(8)	繰り下がりのある 2位数の筆算2	72−28型
(9)	繰り下がりのある 2位数の筆算3	72−24型
(10)	繰り下がりのある 2位数の筆算4 （退化型）	・24−8のように，−1位数で繰り下がりあり
(11)	0のある筆算	・70−28のように，1位数に空位があるもの
(12)	3位数同士のひき算	・繰り下がりなし ・繰り下がり1回 ・空位のあるひき算　など
(13)	求差の問題	・いくつ多い（少ない） ・あといくつ ※求差の学習はこれまでの場面とは異なることから，ここで扱わずに別の学習として位置づけた方がいいので，求差については本章では触れません。

ひき算の意味と操作

(1) 5までのひき算

〈タイル操作1――牛乳パックに入れる〉

　ひき算もたし算と同じように，同じ量同士の計算です。母集合からいくつか取って，残りがいくつになるかを計算する演算です。わたしは「○個食べたらいくつ残りますか」というように「食べる」でひき算のイメージをつくりました。

> 　チョコレートが5個ありました。2個食べました。何個残っているでしょうか。

5個　　　　　−2個　　　　　=3個

　ひき算の場面のお話をしながら，図のようにタイル操作を何回かしました。まん中の図は，牛乳パックの下半分を，底に穴を開けて逆さまに置いたものです。ここに〝−2〟の2個を入れさせます。

　ひき算では具体物や絵での問題はあまり使いませんでした。

　5−2のときの−2は最初，5のなかにあります。牛乳パックに入れないで，2個のタイルを移すだけだと，あわせて5個のタイルが常に目の前にあるわけです。はじめの5のなかには，ひいて残った3個，5からひいた2個がありますから，どのタイルが答えなのか子どもは迷ってしまいます。箱でなく

逆さの牛乳パックを使ったのも，このためで，中身を見えなくするようにです。

〈タイル操作2——筆算の形の導入〉
　ここまでは筆算ではなくタイル操作で答えを出すことをねらいにしてきました。しかし，縦書き筆算の形を提示することは大事なことです。子どもには筆算の形で問題を出して，答えはタイル操作で答えを出させる学習をさせました。タイル操作をたくさんさせることで，子どもたちの頭の中でタイルが動くようになるのです。イメージで答えが出せるようにまでなってほしいものです。
　9までのひき算は，操作を中心におこないます。筆算の形は提示しますが，操作の手順をたどるようにして補助数字を書かせます。暗算ができるようになることがねらいではありません。あくまでも操作になれることです。

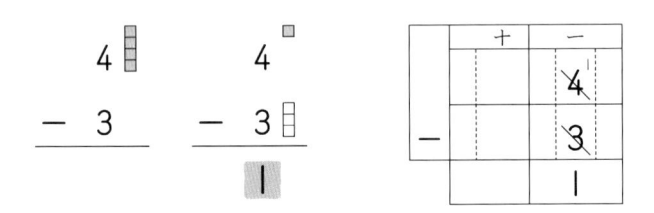

　初めに，左のようにタイル操作で答えを出します。実際の授業では3cmの両面マグネットシート（マグネットシートを檜板に貼ったもの）のタイルで，表が赤，裏が青のものを使って黒板で操作を行いました。ひいた数のタイルは，下の数に移動すると色が変わります。
　筆算の形の導入からは，いくつひいたかがわかるように，見えなくするのではなく，ひいた分のタイルは裏返しにさせました。
　「4から3をとって1」
と言いながら操作をします。そして右図のように筆算形式に書くときにも，
　「4から3をとって1」
と言いながら書き込みます。

ここでは，筆算形式の表し方の練習だけで，筆算の練習がねらいではありません。
　5までのひき算は，意味，操作の理解をする上で大切です。また，繰り下がりの計算でもいちばん使うひき算になりますから，単に操作の理解だけでなく，操作の結果を予想して答えが出せる（暗算）ようになるまで何回もおこないました。ある数をひいて残りを出す計算を「ひき算」ということを説明し，記号は「－」を使うことも教えました。
　5までのひき算の文章題（お話）をタイル操作で答えを出す練習を何回かしました。実際にタイル操作をして，残った数を数字で書くことにしました。タイル図で答えを出すことはおこないませんでした。
　ここで扱った問題は，
　　　　5－5，5－4，5－3，5－2，5－1
　　　　4－4，4－3，4－2，4－1
　　　　3－3，3－2，3－1
　　　　2－2，2－1
　　　　1－1
です。すべてタイル操作で答えを出します（5はバラタイルで提示します）。

9までのひき算

(2) 7－2型のひき算

　前段階よりも数としては大きくなりますが，バラタイルのひき算だけをとってみると，これも4までのひき算になります。5までのひき算の理解を深めることがここでのねらいになります。
　ここで扱う問題は10問です。
　　　　9－4，9－3，9－2，9－1
　　　　8－3，8－2，8－1
　　　　7－2，7－1
　　　　6－1

筆算は2位数のなかで指導しますので，ここでもひき算の場面の理解をメインにします。

(3) 7−5型のひき算

次は〝−5〟の問題です。これまでと同じ方法でおこないます。(図は略)

ここは，5の缶詰を取ってバラが答えになるひき算です。問題数は4問だけです。

  9−5，8−5，7−5，6−5

あくまで，ひき算の意味の理解とタイル操作がねらいです。ここはそれほど時間をかけなくてもいいと思います。

(4) 7−6型のひき算

今度は，5の缶詰とバラを同時に取るタイプの問題です。問題数は10問。

  9−9，9−8，9−7，9−6
  8−8，8−7，8−6
  7−7，7−6
  6−6

ここまでの問題がひき算のほとんどですから，時間をかけてていねいに学習した方があとあとになって効果が現れます。たし算のところでも述べましたが，できるだけ後戻りして学習をやり直すことはしたくありません。子どもたちは，自分はできるようになってきているという喜びを感じているはずだからです。

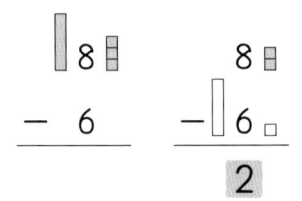

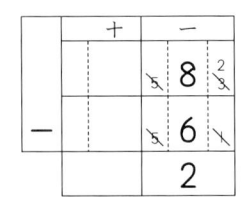

これまでのように
「8から6をとって2」
と言わせますが，できれば6は両手で一緒に取るようにさせたいものです。

(5) 7−4型のひき算

　数としては5問しかないのですが，ちょっとむずかしい問題が7−4型です。5の缶詰タイルの繰り下がりとイメージした方がわかりやすいかもしれません。問題は，
　　　8−4
　　　7−4，7−3
　　　6−4，6−3，6−2
です。
　　　7−4＝（5−4）＋2＝1＋2＝3
と考えます。5と2のタイルの，5の方から4を取るわけです。

　たし算のときにも3＋4型がひとつの山になっていました。そのときは5を新しく作ることでした。いわば5での繰り上がりですね。今度は5を崩すのですから一種の繰り下がりになります。

　わたしはここでも筆算にはこだわらないで，答えの出し方を探るていどにしました。

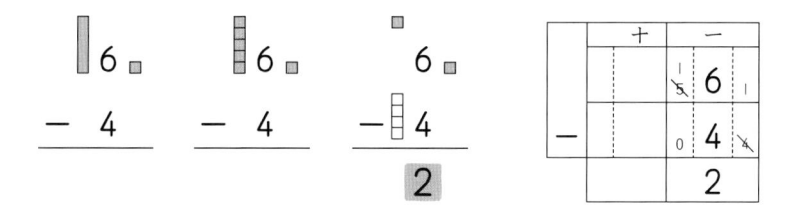

　ここのポイントは，「缶詰の5」を「瓶詰の5」に換えてからひくことだけです。いわば「5の缶詰」の段階での繰り下がりといえるものです。
　ここも，
「5から4をひいて1，前からあった1をたして2」

ひき算　103

と言いながら操作をして，筆算の形にします。

> (6) 2位数のひき算——繰り下がりなし

　いよいよ2位数のひき算に入ります。これまではタイル操作で答えを出していましたが，ここからはタイル操作から筆算への移行をします。

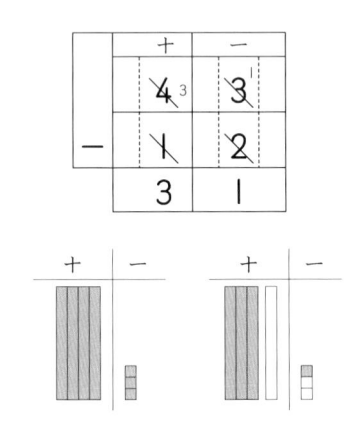

　数としては2位数になりますが，それぞれの位の計算は1桁の計算です。これまではタイル操作で答えを出してもいいとしてきたわけですが，今度は数で答えを出してタイル操作で正誤を確かめる場面を多くして，数計算に慣れさせていきます。2桁同士の計算なので問題数は多く用意できるので，同じ問題をくり返しさせることはほとんどありません。子どもたちは常に新鮮な気持ちでとり組むことができると思います。

　この段階でひき算の計算は完成させます。じつは，繰り下がりのある計算は「10-○」のひき算はしますが，その後はたし算をしているのです。

繰り下がりも，99までの数ではじめる

　繰り下がりの計算では，繰り下がりとはどういうことかという理解が必要です。14-8のような問題で繰り下がりの学習をはじめると，「一の位の計

算ができないから十の位から1本を一の位に持っていってバラのタイルにして……」という意識が弱いです。

　十の位から1繰り下げると，十の位は1減ることになります。ですから，もとの数の十の位は2以上の数であることが必要です。14-8のときは1繰り下げると，十の位はなくなってしまうので，十の位の数を減らして1少なくすることはしなくてもいいことになります。数の計算全体を眺めると，特殊な形となります。

　繰り下がりのあるひき算は20までの数のひき算，という扱いではなく99までの数のひき算のなかで扱うことにします。そうすることによって，「繰り下がり」という意味が，より鮮明になります。また筆算の方法も一貫したものになります。

　繰り下がりの計算ができるようになるために必要な部分計算は，

　　　① 10-○の計算
　　　② 1桁のたし算

になります。ですから「10-○」ができればすべてできることになります。これまでは，いわゆる10の補数があるていどできるようになってから繰り下がりの計算の学習に入るやり方が多かったと思います。「10-○」が必要な場面でとり組ませた方がいいと思います。

　ここからの説明にタイルもあわせて使っていますが，実際に教室ではほとんどタイルを使わずに，筆算でおこないました。タイルはときどき確かめのために使うていどでした。

　子どもたちに力がついていることを実感しました。また，ひく数に補助数字が書いてありますが，それは子どもたちがこれからひく数を意識するために自分たちで書いたものです。見た目は求差と受けとられるかもしれませんが，求差の学習をしているという意識はまったくありません。9までのひき算でおこなった学習の復習と筆算がねらいになります。わたしは先に筆算をしてタイルで確かめるという方法をとりました。

　「5」を崩すというのは，子どもの状況を見て，あらためて確認するかどうかを決めてください。ここではそこまで触れないことにしますが，9までのひき算を参考にしてください。

ひき算　105

繰り下がりのあるひき算は「5・2進法」中心にすることにします。ということで，ここでは，74－28型，82－28型，72－24型の三つの型に分けることにします。

(7) 74－28型（54－38）

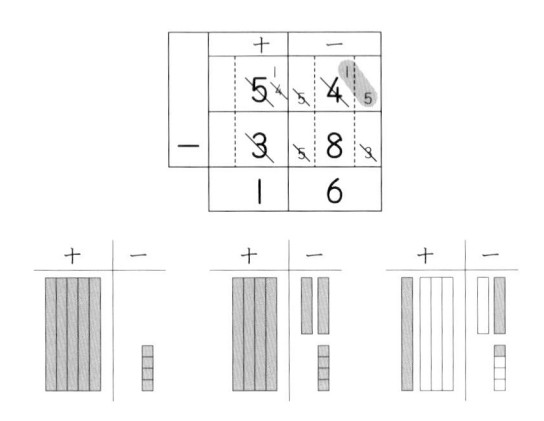

繰り下がりになったときに子どもたちがどう考えるのか知りたかったので，やり方は子どもたちに任せました。すると，子どもたちは迷わずに「5」と「5」にしました。タイルを使わずに補助数字を直接書かせたのですが，両方5の缶詰のようでした。「5の缶詰2個で繰り上がり」をしたのですから，「5の缶詰2個で繰り下がる」のは当然です。

バラをとれるのは，54の4からです。というわけで，わたしたちの約束としては，「バラがとれるときには5の缶詰を崩さない」となりました。

この問題は，繰り下がりの意味がわかれば，1桁のひき算の練習と同じです。そんなに難しいことはありません。たし算を2桁のなかで教えたのと同じことで，ひき算の筆算の練習の幅が広がります。

(8) 82−28型

「2から8はひけません」という形で，さらに，5・2進法では「2から3はひけません」になりますね。今度は〝5の缶詰〟を崩す（瓶詰にする）必要があります。

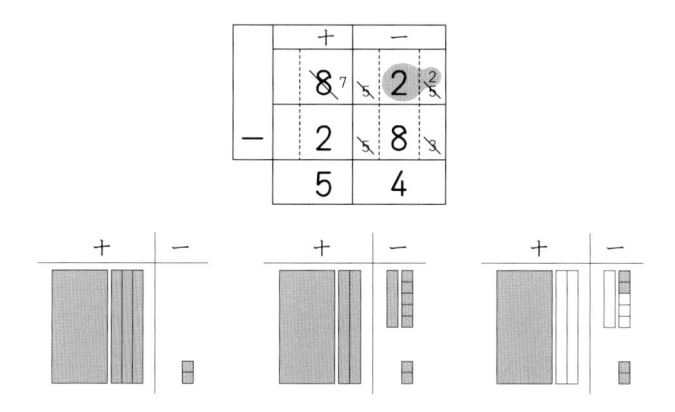

	＋	−
	8̸ 7	2̸ 12
−	2	8̸
	5	4

ここは一の位の計算が中心になりますから，十の位の計算は「6−2」のようになる問題は避けた方がいいかもしれません。子どもが負担に感じなくてもいいように気を配りましょう。

(9) 72−24型

最後の型になります。この型は〝5の缶詰〟を崩すのは同じですが，補助数字が3つ残って，3口のたし算のようになります。5＋○＋△の形になりますから，あくまでも

$$(5+○)+△$$

と考えさせることにしました。

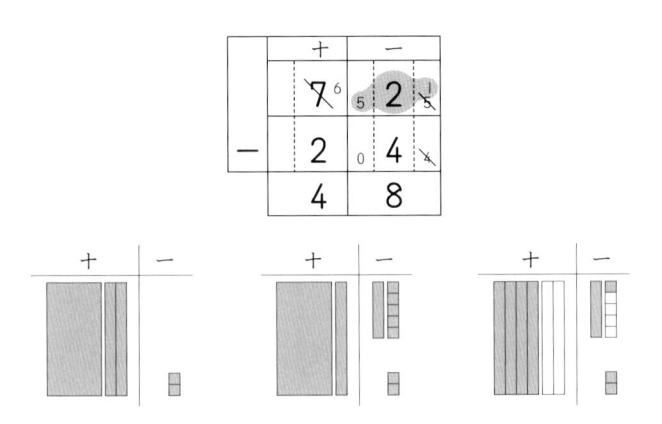

この場合は1桁の残りは5，2，1の三つです。まず
「5と2で7，7+1=8」
とゆっくり考えさせながらさせました。ここまでは暗算ができなくても，筆算を進めてきたので，子どもたちは時間をかけて答えを出していました。
　十の位の「50のタイル」を崩すのは(8)ではなく(9)の方で扱いました。
　この問題のときに，補助数字が三つになるので子どもたちはとても悩みました。そのうちに自然に10の補数的な考え方が出てきて，「ひき算のすべては10の補数でできる」ということになり，復習のときには10の補数でしていました。
　最後には繰り下がりは「10の補数」ですればいいということになりました。遠回りになったかもしれませんが，子どもたちは自分で考えて到達したのです。わたしは，この過程を大事にしました。じつは繰り下がりがほぼ暗算でできるようになるころには，「5・2進法」なのか「10の補数」なのかは気にしなくなります。わたしたち大人は一瞬で答えを出しています。その過程は問題にしていません。

⑽ 退化型の繰り下がりのあるひき算

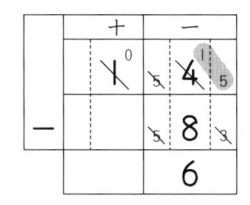

	十	一
	⁰/1/	¹/4/ 5
－		/8/
		6

　最後は，－1位数で繰り下がりのある問題になります。なかでも，答えが1位数の，繰り下がりのあるひき算が最終段階になります。普通の指導順だと，はじめにこの型で繰り下がりを教えることが多いです。前にも書きましたが，十の位が1で教えると，繰り下がって十の位の数が1少なくなるという意識が弱くなります。単に斜線で1を消すことが繰り下がりと思われてしまいがちです。

　繰り下がりのひき算の計算方法は一貫したいものです。

　ひき算の学習でも，筆算練習問題の作成にはパソコンソフトの「筆算プリント万能作成機 For 足し算・引き算（整数編）」を使いました。

3位数に特有の連続繰り下がり

⑾ 3位数のひき算

　3位数のひき算は，たし算と同じで「2桁のひき算＋1桁のひき算」の組み合わせとしてとらえることができます。つぎに示すように，3桁特有の計算が出てきます。それは，たし算のときと同じように，繰り下がりが連続して2回出てくることです。下図の④〜⑥にあたります。

　文字で書くと簡単なように見えますが，子どもたちの負担は大きいようです。3位数同士の計算ができればひき算のすべての型が出てきますから，どんな大きな数のひき算にでも挑戦することができるようになるわけです。し

ひき算　109

かし，ここを乗り越えるのにたくさんの時間がかかることも事実です。

　ですから，簡単に触れるだけにして「かけ算」の学習に進んで，子どもたちにできるようになった自信をつけ，新しい世界の学習に進めた喜びを味わわせることもいいかもしれません。

　3位数の計算に入る目安は，何年生で学習しているかということと，教師の担任できる年数です。もし5年生以降でしたら「かけ算」に進むことをお勧めします。

```
①　 467　 ②　 473　 ③　 543　 ④　 532　 ⑤　 513　 ⑥　 603
　 －243　　　 －216　　　 －261　　　 －267　　　 －276　　　 －257
```

　十の位の数が1，0のものが要注意になります。とくに，⑥の問題は十の位が0になりますが，ここに，繰り下げて10を持ってくることに気がつけば，計算を続けることができます。

　①〜⑥の型分けさえわかれば「筆算プリント万能作成機 For 足し算・引き算（整数編）」で計算問題をいくらでも用意できます。

　桁数が多くなる分，計算にかかる時間も多くなりますので，時間あたりの問題数はあまり多くしない方がいいと思います。

10の補数で指導したい人のために

　やっぱり繰り下がりは，10の補数で指導したいとお考えの方もいらっしゃると思います。その場合のくわしい指導過程は述べませんが，42－28のような問題から入ることをお勧めします。

　十の位から繰り下がったときには，次の図のようにするといいと思います。この形だと繰り下がった10からどんな数でも取ることができます。

5の缶詰と5の瓶詰が
一緒になった形

　また，5・2進法での72−28型のときのように補助数字が3個になることもありませんから，複雑にならないかもしれません。以前に10の補数で教えていたときには，「繰り下がりのオールマイティタイル」と考えていました。

　指導の順序としては，−9，−8のような問題を先に扱って，だんだん小さい数字にするといいと思います。

　「10の補数」で指導をおこなうときには，パタパタタイルの左側の上の5のガムテープをはがして，1個ずつの切れ目を入れれば，ひき算でもパタパタタイルを使うことができます。

　繰り下がりで，13−7になる場合のタイルの使い方を紹介します。

〈5・2進法の繰り下がりの場合〉

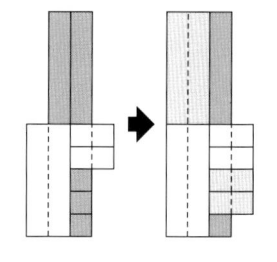

上部に5と5がきます。
左側の5と前からあった3から7をとります。
残りは右側の5とバラの1になり，
5と1で6になります。

〈10の補数の場合〉（わたしの言う「変形5・2進法」）

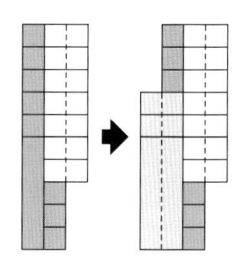

左側の10は5の缶詰と5の瓶詰めの形で繰り下がります。
そこから5と2で7をとります。
残りは3で，前からあった3とたして6になります。

パタパタタイルはほかにも使い方がいろいろあると思いますから，ご自分でいろいろ動かしてみてください。わたしの思っている以上に効果的な使い方が見つかるかもしれません。

あとがき

　さいごに，わたしが算数の授業をするにあたってベースにしてきたことについて触れておきます。

　この本の元になった原稿は，岩手大学准教授の神常雄先生に意見をもらっていました。そのときに，芳賀さんの実践にはヴィゴツキーの「最近接発達の領域」とピアジェの理論がちりばめられているとの感想をいただきました。そしてルリヤの「脳外結合」という言葉は今回初めて聞いて納得しました。

　この3人の本は学生時代に出会った本でした。40年経てまた3人の名前を聞くことになるとは思ってもいませんでした。そこで，あらためて目を通すことにしました。

　たとえば，L. S. ヴィゴツキー『思考と言語』，J. ピアジェ『数の発達心理学』，ア・エル・ルリア『精神薄弱児』等です（くわしくは文末の参考文献）。

1. 操作について

　子どもであれ大人であれ，考えるときには言葉は不可欠です。しかし，特別支援教育対象の子どもたちを含め，多くの子どもたちにとって言葉は未熟なものです。ですから多くの教師は一つのことを説明するのに，一度の説明では不十分だと感じると補足説明をします。それが重なると，子どもはさまざまな受けとり方をしますし，「さっきのこととは違うことなのか」と受けとってしまう子どももいます。教師の親切が裏目に出てしまうのですね。

　そこで，わたしは操作を通して説明することにしています。**操作とは演算の意味を表し，筆算の形式を内在するもの**と位置づけています。ですから，単に，答えを見つけるためにものを動かすことは，操作とは言いません。

子どもたちは操作をしながら問題を解決していきます。わたしはそれを見守ることが多いです。「教えない算数」と評する方もいます。子どもがつまずいたときにも，操作を通して一緒に考えます。そうすると，タイル操作が子どもと教師の共通語になっていくわけです。話し言葉は最小限ですみます。知的障害，情緒障害，LD，ADHDといわれる子どもたちを相手に実践をしましたが，この方法はどの子にも有効でした。教師の言葉でパニックに陥る子もなかにはいるのです。

　また，子どもは操作を通して自分なりの論理を獲得していきますので，いわゆるIQは問題ありませんでした。IQ50の子どもが2位数の加減までを終えて，かけ算の学習ができるようになっています。

　操作ぬきでは，子どもたちの学習はここまで飛躍的に向上しなかったと思います。操作が子どもたちを数の世界に誘ってくれたのです。

2. 最近接発達の領域について

　これはヴィゴツキーが『思考と言語』のなかで述べているものです。この用語の概念がどういうものなのかについては，中村和夫氏の『ヴィゴーツキー心理学』（新読書社）から引用させていただきながら述べたいと思います。

- 「最近接発達の領域」とは，実は「次の発達の領域」とか「次に続く発達の領域」という意味なのである。(p.10)
- 最近接発達の領域とは，子どもがある課題を独力で解決できる知能の発達水準と，大人の指導の下や自分より能力のある仲間との共同でならば解決できる知能の発達水準とのへだたりをいう。(p.11)
- 子どもの知的発達を促す教育はすでに成熟を終えた発達の後に従うのではなく，いままさに成熟しつつある可能性の領域の前を行き，そこにこそ働きかけるべきである……(p.17)

　ミネルヴァ書房の『発達心理学辞典』には以下のように説明されています。ここでは，「発達の最近接領域」となっています。

・……2つの発達水準を区別することができると提唱した。問題解決の場面で子どもが自力で解決できる「すでに完成した水準」と大人の援助や指導によって解決が可能になる「成熟しつつある水準」である。この2つの水準の差の範囲を発達の最近接領域ないし発達の潜在的可能性の領域とよぶ。(p.561)

　教室でよく見かける光景です。友だちに聞いたらわかった，とか友だちがやっていることを見ているうちにわかるようになったということが，これにあたると思います。算数のなかでもいろいろな場面で見られると思います。試行錯誤をくり返しながら数概念を獲得しているところなどもそうだと思います。わたしの授業ではおたがいに操作を見あうなかで，できたり，わかったりしていきました。
　ヴィゴツキーの理論は，特別支援教育の対象となる子どもたちとの算数の学習に大きなヒントがあると思います。ただ単に普通学級での方法を細かくしたからといって，かならずしも効果が上がるとは考えられません。なぜなら普通学級の担任たちのなかにも，「数えたし（数えていくつ）」で，指を数えて答えを出す子どもを救えずに困っている教師が少なからずいるからです。
　にもかかわらず特別支援学級の算数の授業は，通常学級の算数の教育課程にならって，それをゆっくりていねいに教えていることが多いように思います。特別支援学級では，教師が教育課程を自分自身で考え出さなければいけないことになっています。教科書を参考にするにしても，目の前の子どもにあわせた指導プランをつくらなければなりません。特別支援教育には参考にできる教科書はほとんどありませんから，まさに教師自身のプランが教科書となるのです。
　前掲書には，以下のようにも述べてあります。

・教授が発達の過程に入り込み，決定的な作用を及ぼすことができるのは，学齢期の始めにはこれら高次心理機能がまだ成熟していないからであり，教授が一定のやり方でこれらの機能の発達のその後の過程を組織し，

それによってこれらの機能の運命を決定できるからである。（前掲，中村 p.41）

　子どもたちが，算数ができるようになれるプランを持つことが，私たち教師には求められています。たんにスモールステップで指導するだけではなく，指導の全体像や最終目標を持っていることは，教師にとっても子どもにとっても，安心して学習にとり組むことができることとなります。

3. 脳外結合と内化

　子どもであれ大人であれ，言語なしに思考をすることはむずかしいです。言語能力が未成熟な特別支援教育対象の子どもたちにとってはなおさらです。算数の学習において言語の不十分さを補うのが前に述べた**操作**です。操作なしには，数や演算の概念の形成はなかなかできません。

　ここで高取憲一郎氏（鳥取大学，2006）の「社会・心・脳：ルリヤの視点」から引用させていただきます。

　　ルリヤは，ある特定の心理機能はある特定の脳部位に局在するものではなく，いくつかの脳の部位が集まってネットワークを作って，すなわちシステムとして機能していると考える。そのときに，いくつかの構成要素の集まりであるその機能システムの一つの環として外部にある補助物とか外部にある装置が参加する。このことを，皮質外組織化あるいは**脳外結合**と呼んでいる。（強調は筆者）

　　……脳外結合の具体例としてよく引用されるのが，ハンカチの結び目を作って何かを記憶するという行動である。あらかじめ，作っておいたハンカチの結び目を見ることによって，大事なことを思い出す。この行動は，手帳にメモするとか，記念写真に写しておくとか，テープやヴィデオに保存しておくという行動の原形であるが，記憶という心理機能が脳の中だけではなくて，外部のハンカチの結び目を脳のシステムの一環として取り込んで，記憶という心理機能が営まれ，ハンカチの結び目という外部の補助物が参加するなかで脳の機能が遂行され脳内の機能のネットワークが組織

化された。

　……脳の外部にある補助物としてルリヤが最も重視するのは，上に述べたような補助物とか装置ではなくて，言語である。言語が参加することによる新たな機能システムの形成によって，言語の関与のない状態である低次心理機能が高次心理機能へと質的に飛躍する。(p.181,182)

　引用が長くなりましたが，「操作」がルリヤの言う「ハンカチの結び目」になります。子どもたちは「操作」を通して数やアルゴリズム（筆算の手順）を理解していきます。そのときには言葉での説明は必要最小限ですみます。逆に操作を言葉で説明すると混乱を招くかもしれません。子どもたちは操作を通して自分の言葉で理解をしていくのです。ですから情緒障害の子でも，LDの子でも自分の力で，自分なりの論理を組み立てることができていくのです。そして，最後には操作を頭の中で，必要最小限の言葉で表せるようになります。このあたりのことを，高取氏のいう「内化（内面化）」とわたしはとらえています。あるいはヴィゴツキーの言う「内言」といってもいいかもしれません。

　初めから言葉で教師が説明し，子どもも言葉で受け答えするような授業では，特別支援教育対象の子どもたちは，自分の持っている能力を開花させることはできなかったでしょう。

　ここではとくにとり上げませんでしたが，ピアジェの『数の発達心理学』は，子どもの数概念の発達の筋道を教えてくれたものでした。ですからピアジェの理論は，わたしの実践のベースに流れています。

引用・参考文献

・J. ピアジェ（遠山・銀林・滝沢訳）『数の発達心理学』1962（新版1992），国土社
・中村和夫『ヴィゴツキー心理学』2004，新読書社
・L.S. ヴィゴツキー（柴田義松訳）『思考と言語』1962，明治図書（新版2001，新読書社）

・ア・エル・ルリア　（山口薫他訳）『精神薄弱児』1962，三一書房
・高取憲一郎「社会・心・脳：ルリヤの視点」2006，鳥取大学地域学論集第3巻第2号　http://www.rs.tottori-u.ac.jp/kiyoh-chiikikenkyu/archives/rs032_03.pdf#search　「脳外結合」で検索できます。
・岡本夏木他『発達心理学辞典』1995，ミネルヴァ書房

付録プリント

練習用タイル図と
計算枠

付録プリントの使い方について

　以下に添付されているプリント例の，それぞれの使い方を簡単に説明します。ここでは，わたしの使っている実物の70％の大きさで印刷してあります。適宜拡大コピーをして使ってください。

① 99までの「タイル⇔数字」プリント（十の部屋，一の部屋）本文 p.56

　　子どもが一人とか二人の場合には，タイルを置きながらの学習ができますが，人数が多いときには，このプリントを使います。教師が「タイル図」か「数字」のどちらかを書いたものを渡して，一方を子どもが書く，というやり方ができます。なお，十の位でも「5・2進法」の考え方でできるように，50のタイルはまとまりにしてあります。

② 2桁用計算枠1（タイル図付き）

　　タイルの操作を補助数字に置き換える中間段階で使います。「タイル操作でしたことを図にしてみましょう」という学習です。タイルから数字には簡単には移行できませんので，何度か使うことをおすすめします。

③ 2桁用計算枠2（補助数字用枠付き）

　　タイル図から補助数字にもっていく段階で使うプリントです。これまでタイルで書いていたものを数字で表すため，補助数字記入用の枠を大きくとってあります。とくにバラの方で「何と何で4」などと言いながら○で囲んで書かせるといいでしょう。その後も筆算ではこのプリントを使います。「プリント万能作成機」で印刷した問題も，初めは大きく書けるこのプリントで計算させます。

④ 2桁用計算枠3

　　③の計算枠に慣れてきたら使います。補助数字の欄が小さくなっていますので，子どもの様子をみて使えると判断したときに使います。使い方は③と同じです。

⑤ 3桁用計算枠1（補助数字用枠付き）

　　繰り上がりは暗算ではできないけれども3桁の計算に進みたいときに使います。この場合には，一の位は繰り上がりありで，十の位は繰り上がりなしの問題がいいですね。子どものようすで⑤を使うか⑥を使うか選んでください。

⑥ 3桁用計算枠2（繰り上がり枠付き）本文 p.86

　　十の位へ繰り上がった数を書く欄があるもので，一の位の計算が「5といくつ」の補助数字を書かなくても計算できるようになったら使います。

① 99までの「タイル⇔数字」プリント

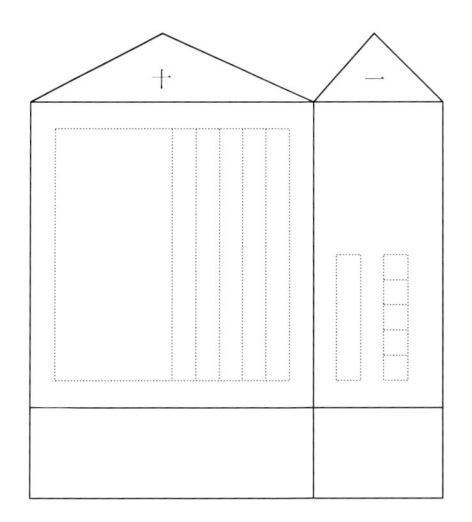

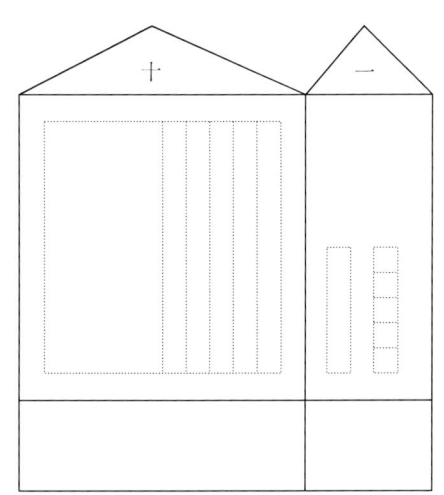

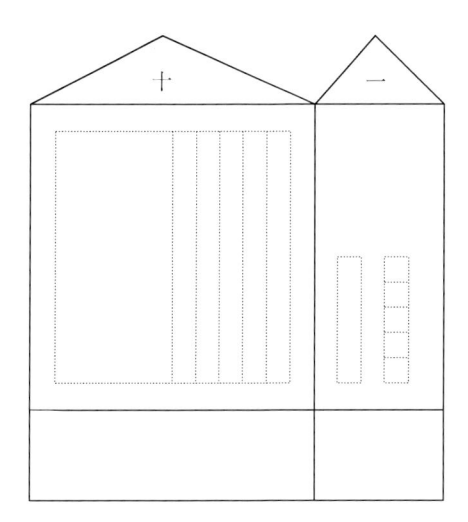

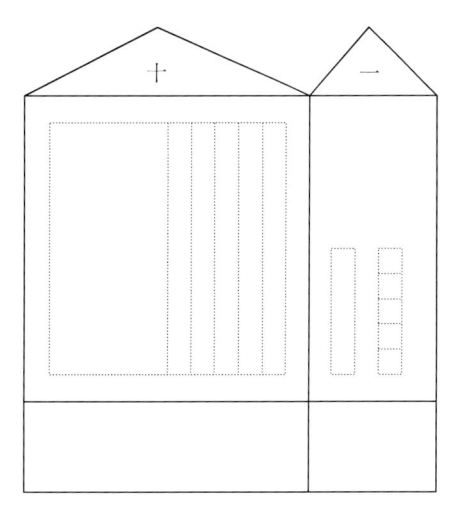

② 2桁用計算枠1（タイル図付き）

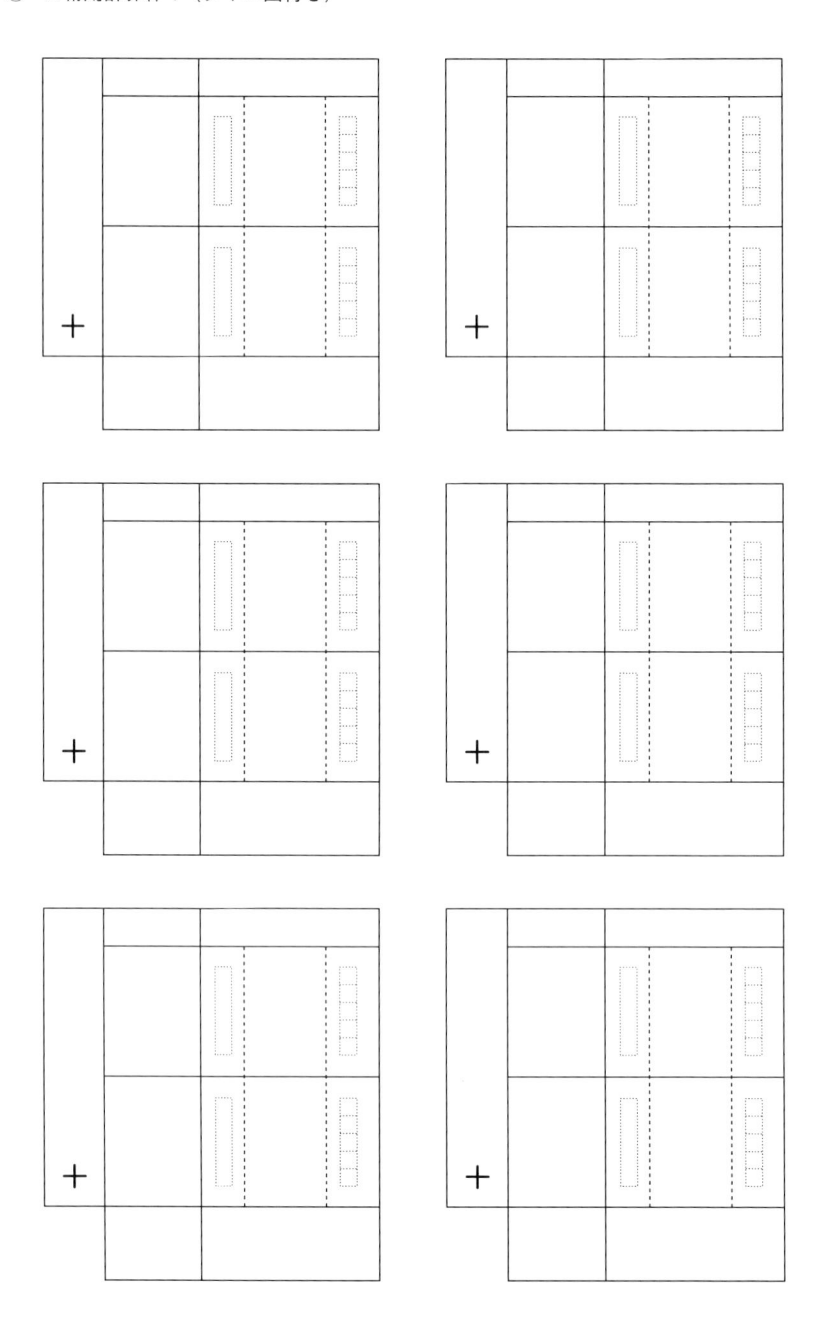

③　2桁用計算枠2（補助数字用枠付き）

④ ２桁用計算枠３

月　　　日　（　　）　　名前＿＿＿＿＿＿＿＿＿＿＿＿

⑤　3桁用計算枠1（補助数字用枠付き）

月　　　日　（　　）　　名前

⑥ 3桁用計算枠2（繰り上がり枠付き）

月　　日（　　）　　名前

特別支援 〈5-2進〉タイルで教える
99までのたし算・ひき算

2010年7月28日　初版印刷
2018年4月10日　オンデマンド版発行

著者	芳賀雅尋
イラスト	福田寛樹
編集協力	渡部美奈子
発行所	株式会社太郎次郎社エディタス
	東京都文京区本郷3-4-3-8F 〒113-0033
	電話 03-3815-0605 ●webサイト http://www.tarojiro.co.jp/
組版・図版	群企画
印刷・製本	大日本印刷

定価はカバーに表示してあります。
ISBN978-4-8118-0741-6 C0037
©HAGA Masahiro 2010, Printed in Japan

附則9条図書で使われています！ 少なく学んで多くがわかる教材シリーズ

らくらく算数ブック 全7巻
榊忠男・岡田進監修

考えて解く力がつく、計算の意味がわかる！
★1〜2巻…各2,000円+税
★3〜7巻…各2,095円+税

タイルは答えの発見器！ タイルによる量の理解を基礎にした一般向け水道方式教材。現場で使える教え方が満載。1〜3巻は学年別—小学1・2・3年向き。4〜7巻はテーマ別「図形」「分数」「量と文章題」「比例とグラフ」—小学中〜高学年向きです。

漢字がたのしくなる本 シリーズ
宮下久夫・篠崎五六・伊東信夫・浅川満著

ワーク全6巻
　………各1,155円+税
ほか、テキスト全6巻
101漢字カルタ
98部首カルタ
108形声文字カルタなど、充実のラインナップ！

附則9条図書採用多数

絵からできた基本漢字のなりたちから、あわせ漢字のつくりかた、日本語のなかでの使われかたまで。たのしく遊びながら漢字の形・読み・意味の繋がりが学べます。

かな文字あそびシリーズ
伊東信夫著　山村浩二絵

歌いながら遊びながら、からだ感覚で覚える。

★あいうえおあそび　上・下………各1,845円+税
★ひらがなカルタ50音……………1,796円+税
★カタカナカルタ50音……………1,796円+税

附則9条図書採用多数

太郎次郎社エディタス